LE SIÈGE

DE

TUYEN-QUAN

DU 24 NOVEMBRE 1884 AU 3 MARS 1885

PAR

DICK DE LONLAY

ILLUSTRÉ DE **38** DESSINS PAR L'AUTEUR

PARIS

GARNIER FRÈRES, LIBRAIRES-ÉDITEURS

6, RUE DES SAINTS-PÈRES, 6

LE SIÈGE

DE

TUYEN-QUAN

PARIS. — IMPRIMERIE CHAIX (S.-O.). — 2990-6.

LE SIÈGE

DE

TUYEN-QUAN

DU 24 NOVEMBRE 1884 AU 3 MARS 1885

PAR

DICK DE LONLAY

ILLUSTRÉ DE **48** DESSINS PAR L'AUTEUR

PARIS

GARNIER FRÈRES, LIBRAIRES-ÉDITEURS

6, RUE DES SAINTS-PÈRES, 6

1886

LE SIÈGE DE TUYEN-QUAN

Le *Revolver* force les barrages de Yuoc (6 juin 1884).

CHAPITRE I

OCCUPATION DE TUYEN-QUAN

Situation géographique de Tuyen-Quan. — La première expédition. — Les canonnières. — Le lieutenant-colonel Duchesne. — En marche sur Tuyen-Quan. — Aspect de la citadelle. — L'occupa-

tion. — Le *Revolver* et la *Mitrailleuse*. — Combat du *Revolver*.
— Acte d'héroïsme de l'enseigne Testu de Balaincourt. — Le
blocus de Tuyen-Quan.

Parmi les brillants faits d'armes qui ont marqué la campagne du Tonkin, l'un est resté célèbre entre tous. C'est la défense héroïque de Tuyen-Quan, où une poignée de légionnaires sous les ordres du brave commandant Dominé, se défendirent pendant de longs mois avec une ténacité et une énergie indomptable qui rappelle la mémorable défense de Mazagran par les zéphirs du capitaine Lelièvre.

La citadelle de Tuyen-Quan, se trouve perdue dans les montagnes du Tonkin, sur la rive droite de la rivière Claire, à cent kilomètres environ à vol d'oiseau en aval de la frontière du Yun-Nam.

Après la prise de Hong-Hoa par nos troupes, en mars 1884, il était nécessaire de refouler les Pavillons-Noirs vers la frontière de Chine et de les empêcher de descendre sur la rive gauche du fleuve Rouge, où l'on signalait chaque jour de nombreuses exactions commises par les bandes de Luh-Vinh-Phuoc, jusqu'à hauteur de Hong-Hoa.

Dans ce but le général Millot résolut de faire occuper Tuyen-Quan, qui, vu sa position, devait former un excellent poste avancé.

La colonne expéditionnaire se composait d'un bataillon de la légion étrangère tiré de Hong-Hoa, de deux compagnies de turcos, d'une batterie de 4

de montagne et d'un convoi de soixante jours de
vivres pour le détachement qui devait tenir garnison
à Tuyen-Quan, et de quinze jours de vivres pour la
colonne. Celle-ci devait côtoyer la rivière, escor-
tée par les canonnières *la Trombe*, *l'Éclair*, *le Ya-
tagan*, *le Mousqueton*, *le Revolver*, *la Mitrailleuse*
(ces deux dernières du type des canonnières Farcy,
si connues pendant le siège de Paris).

Le lieutenant-colonel Duchesne, de la légion, a
le commandement supérieur, le lieutenant de vaisseau Capetter, de la *Trombe*, celui de la flottille.

Le 25 mai, les troupes, tirées de Hong-Hoa, tra-
versaient le fleuve Rouge par une marche des plus
pénibles, dans une région boisée, profondément ra-
vinée et sous une chaleur accablante. Elles attei-
gnaient le même jour le village de Vintri, sur la
rivière Claire, où elles établissaient leur campement. Le lendemain, les tirailleurs algériens et la
flottille venant de Hanoï arrivaient au rendez-vous.

Le 27, on se met en marche, la colonne chemi-
nant par terre et ne marchant qu'aux heures où la
chaleur est supportable. La flottille l'escorte et
l'on s'arrête à Yen-Doa.

Le 28, le général Millot arrive à Hanoï pour
prendre en personne la direction des opérations, et
amène avec lui une troisième compagnie de tirailleurs algériens

Ce jour-là, l'étape est dure, la route si difficile

que l'artillerie de montagne, traînée par les coolies, ne peut suivre et qu'on est obligé de l'embarquer sur la flottille.

Le lendemain la route est encore plus pénible; les sentiers se rétrécissent, une végétation exubérante masque toute vue; pour continuer sur Tuyen-Quan par terre, il eût fallu imposer au soldat des fatigues inutiles; le général en chef embarqua la colonne sur la flottille et la débarqua en deux fois à Phu-Dian-Hung, à quinze kilomètres de Tuyen-Quan, point où la rivière Claire se divise en deux bras.

Le 31, la concentration des troupes est terminée et l'on reprend la marche sur Tuyen-Quan.

Le 1er juin, au point du jour, on arrive en vue de la citadelle; c'est un vaste carré commandant une plaine en forme de cuvette, admirable position militaire, qui domine la vallée de la rivière Claire.

Les canonniers ouvrent le feu sur l'ouvrage; celui-ci ne répond pas. Quelques groupes de Pavillons-Noirs manœuvrent sur les montagnes et semblent battre en retraite.

La flottille jette ses embarcations en avant avec ses compagnies de débarquement, afin d'enlever la forteresse, mais l'avant-garde de la colonne rivalise d'ardeur avec les marins, pousse dans la direction de la citadelle, et un soldat de la légion étrangère y plante le drapeau français.

La forteresse était évacuée, les magasins vidés. On n'y trouva que quelques mauvais canons de petit calibre.

L'opération était terminée : le lendemin 2 juin, le général Millot rentrait à Hanoï avec la colonne, laissant deux compagnies de la légion pour tenir garnison dans la citadelle conquise, ainsi que les deux canonnières *le Revolver* et *la Mitrailleuse*, commandées par MM. Testu de Balaincourt et Senès, tous deux enseignes de vaisseau.

Ces canonnières, type Farcy, et qui ont plus de quinze années d'existence, avaient été débarquées par le *Bayard* dans la baie d'Allong et armées par lui en avril 1884.

L'équipage de chaque canonnière était de quinze hommes.

L'armement se composait d'une pièce de 14 à l'avant avec affût à masque en tôle, et d'un hotchkiss installé à l'arrière sur les appartements du capitaine.

Ces deux petits bateaux rendirent de très grands et très signalés services dans la rivière Claire.

Dans les premiers temps de l'occupation de Tuyen-Quan, ils en firent vingt-deux fois le voyage aller et retour, naviguant dans un cours d'eau semé de récifs et de bancs de sable mouvants sur lesquels ils s'échouaient fréquemment.

Pendant quatre mois, les bandes de Luh-Vinh-

Phuoc laissèrent la petite garnison de Tuyen-Quan dans le repos le plus complet.

Au commencement d'octobre, le vieux chef, renforcé par les réguliers du Yun-Nam, vient à la tête de 4,000 hommes cerner la citadelle.

Du 13 octobre au 16 novembre, les Chinois attaquèrent la place vingt-quatre fois sans succès.

Une des deux canonnières, *le Revolver*, se décida à franchir la passe de Yuoc, à dix kilomètres au sud de Tuyen-Quan, où les Chinois, profitant d'un rapide dangereux, s'étaient formidablement retranchés.

En cet endroit le lit de la rivière Claire est obstrué de rochers : les Chinois ont, en outre, coulé de vieilles jonques qui forment deux barrages.

La rive droite élève à pic ses pentes broussailleuses où sont étagées plusieurs lignes de tranchées et quatre forts presque cachés dans les arbres, et que surmontent de nombreux drapeaux noirs.

Dans les massifs de palétuviers et de bambous de la rive gauche, est installée une batterie de quatre pièces battant la rivière dans la direction des jonques coulées.

Malgré ces nombreux obstacles, la vaillante canonnière n'hésite pas et se lance à toute vapeur.

A sa vue, les ouvrages ennemis s'enflamment à moins de vingt mètres de distance : balles et boulets viennent fouetter l'eau de la rivière ou frapper les parois métalliques du *Revolver*, qui, brisant avec son éperon les vieilles jonques et emporté par la force du courant, franchit le bàrrage, après avoir été criblé de projectiles.

Malheureusement sur quinze hommes d'équipage treize sont tués ou blessés.

Le capitaine, M. Testu de Balaincourt, doit prendre la roue du gouvernail. Là, exposé à découvert aux projectiles de l'ennemi, cet intrépide officier reçoit cinq grosses balles de fusil de rempart et quatre balles de Winchester. Ces dernières restent dans les chairs.

Quoique criblé de blessures, il a encore la force de faire cinq heures de barre et de mettre son navire hors de l'atteinte des Chinois. **En récompense** de sa brillante conduite, M. Testu de Balaincourt fut décoré et nommé lieutenant de vaisseau.

C'est le premier engagement sur la rivière Claire.

Le 16 novembre, le lieutenant-colonel Duchesne quitte Hong-Hoa avec la légion étrangère et l'infanterie de marine, afin de débloquer la garnison de Tuyen-Quan, et remonte la rivière Claire dans des jonques.

Le 18, les troupes débarquent à Hoa-Moc, et bivouaquent sur la terre humide, à quelques pas des Chinois.

Le 19, le lieutenant-colonel Duchesne prend le

contact de l'ennemi, culbute Pavillons-Noirs et Impériaux, et, poursuivant l'armée d'invasion, la refoule dans la région des forêts et des montagnes. Le même jour, à dix heures du soir, notre colonne entre dans la citadelle et la ravitaille abondamment.

Halte au village de Vintri

En tirailleurs.

CHAPITRE II

L'INVESTISSEMENT

Déclaration de l'état de siège. — Composition de la garnison de
Tuyen-Quan. — Munitions et approvisionnements de la place. —
La légion étrangère. — Le commandant Dominé. — La citadelle.
— Le grand mamelon. — Les deux pagodes. — Logements des
officiers. — Les magasins. — Le village annamite. — La rivière
Claire. — La vallée. — Pagode transformée en chapelle. — Destruction des barrages. — Premier engagement. — Concentration
des forces ennemies. — Ravitaillement de la citadelle. — Reconnaissance de la compagnie Moulinay.

Le 23 novembre, après trois jours de repos, la
colonne Duchesne quitte Tuyen-Quan.

Les Chinois se rapprochent aussitôt et viennent
réoccuper leurs anciennes positions.

1.

Le 24 novembre, la place est déclarée en état de siège, selon le règlement, parce que l'ennemi est à moins de dix kilomètres de la citadelle.

La garnison de Tuyen-Quan se compose de :

Deux compagnies de la légion : 8 officiers, 390 hommes.

Artillerie de marine (1re section de la 2e batterie *bis*) : 1 officier, 31 hommes.

Génie (4e régiment) : 8 hommes.

Infirmiers (15e section) : 3 hommes.

Ouvriers d'administration (15e section) : 3 hommes.

Tirailleurs tonkinois (1er régiment, 8e compagnie) : 2 officiers, 162 hommes.

Munitions. — Pour les 2 canons de 4 rayés de montagne : 212 obus ordinaires, 92 à balles, 52 boîtes à mitraille.

Pour les 2 canons de 50 millimètres : 178 obus à balles ; 200 obus ordinaires.

Pour les 2 hotchkiss : 1,526 obus ordinaires ; 200 boîtes à mitraille.

266,112 cartouches d'infanterie, modèle 1874, outre les cartouches portées par les hommes.

Outils. — 27 pioches, 40 pelles, 4 haches. La légion n'a malheureusement pas d'outils de campagne.

Vivres. — Les vivres, en comptant par jours pour l'effectif de la garnison, comprennent : biscuit (16 jours), farine (101 jours), vin (119 jours), tafia (128 jours), café (118 jours), thé (124 jours), sucre (118 jours) conserves de bœuf (107 jours), lard salé (39 jours), fayots (39 jours), légumes secs (39 jours), sardines à l'huile (23 jours), riz (ration française, 60 jours), riz (ration indigène, 60 jours), fromage (1/2 jour), sel (119 jours), 25 bœufs.

Comme on le voit, ce sont des soldats de la légion étrangère qui composaient la majeure partie de la garnison.

Tout le monde connaît ce corps d'élite qui, composé de volontaires de tous pays, Alsaciens-Lorrains, Belges, Suisses, Polonais, Italiens, etc, rappelle les anciennes bandes des lansquenets et des Suisses des grandes compagnies.

Formée en Algérie sous le règne de Louis-Philippe, la légion étrangère acquiert bientôt ses lettres de naturalisation dans l'armée française par ses brillants faits d'armes.

En Crimée, les légionnaires sont les héros des furieux combats de nuit livrés dans le grand cimetière de Sébastopol, et repoussant les assauts furieux tentés par les troupes russes contre la gorge de Malakoff.

En 1857, dans la grande Kabylie, les zouaves du 2e régiment viennent se faire décimer inutilement devant les barricades d'Ichérident ; une troupe d'élite s'avance alors : à ses longues capotes sombres, à son allure calme et disciplinée de vieux reîtres, on reconnaît la légion étrangère. Elle marche, impassible et au pas, sans répondre un coup de feu, sous la grêle des balles kabyles qui la déciment. Arrivée à vingt pas de l'ennemi,

Soldats de la légion étrangère

elle fait halte, décharge ses fusils, et d'un seul bond enlève la barricade.

A la bataille de Magenta, les deux régiments étrangers enlèvent avec le concours du 2ᵐᵉ zouaves le village de ce nom, et décident dusuccès de la journée.

A Camarone, au Mexique, une compagnie de la légion se signale par une lutte héroïque qui rappelle les plus beaux temps de la Grèce et de Rome.

Cette poignée de héros, forte de 60 hommes, sous les ordres du capitaine Danjou, des lieutenants Eaudet et Vilain, est cernée dans une *hacienda* (auberge) par plusieurs milliers de guerilleros. Refusant tout quartier, les légionnaires sont exterminés jusqu'au dernier, après avoir tué dans une lutte acharnée cinq cents douze Mexicains.

Pendant la campagne de France, à l'attaque

d'Orléans par les Allemands, en octobre 1870, la légion étrangère se couvre de gloire en défendant le faubourg des Aydes, sous les ordres du commandant Arago, qui est frappé à mort par une balle bavaroise.

Quelques mots maintenant sur le jeune officier que la belle défense de Tuyen-Quan a rendu à jamais populaire et qui s'y est conduit en héros.

Le commandant Dominé, qui commandait la place de Tuyen-Quan, a trente-sept ans. Il est né le 22 juillet 1848, à Vitry-le-François. Ses parents, bien que peu aisés, lui firent faire de bonnes études au collège de la ville, et après avoir conquis son diplôme de bachelier ès sciences, il entra à Saint-Cyr en 1866. Ce jeune homme, qui comptait déjà dans sa famille plusieurs officiers distingués, brûlait du désir de marcher sur leurs traces.

Sorti de l'école en 1868, il part pour rejoindre à Oran le 2ᵉ régiment de zouaves, et presque aussitôt est envoyé dans le Sud-Oranais sous les ordres du général de Wimpffen.

Au combat d'Aïn-Chaïr, il se fait admirer de tous par sa bravoure et sa froide intrépidité. Une balle lui traverse le biceps du bras droit.

— Ce n'est rien, dit-il.

Et il va se faire panser, puis retourne sur le champ de bataille, le bras en écharpe. Cet acte d'impassibilité et de courage lui vaut d'être cité à l'ordre du jour et décoré.

C'est débuter brillamment dans la carrière des armes. Il est le plus jeune légionnaire de l'armée française.

En 1870, il fait partie du 2e régiment de marche de zouaves, qu'on vient de reconstituer, et qui a à sa tête le commandant Logerot, aujourd'hui chef du 8e corps à Bourges.

Devant Orléans, ses soldats déployés en tirailleurs et très rapprochés des Prussiens les apostrophent à la façon des héros d'Homère et dans le style familier à ceux de M. Zola.

— A la baïonnette! leur crie Dominé. Et comme il lève son sabre, une balle lui fracasse le coude; il est encore atteint au bras droit.

On transporte le malheureux officier à l'ambulance, où les chirurgiens veulent lui faire l'amputation.

—Ma carrière serait brisée, dit-il, j'aime mieux mourir. Et il refuse. Malgré cette blessure effroyable, son énergique constitution reprend le dessus, et, au moment de l'armistice, il revient au milieu des siens, à Vitry.

Mais l'inaction lui pèse : bientôt il retourne, malade encore, en Kabylie, pour prendre part à la répression de la révolte; sa faiblesse est telle que les hommes de sa compagnie doivent le soutenir lorsqu'on a un monticule à gravir.

Cependant, la plaie du bras n'arrivait pas à se cicatriser, il devenait évident qu'elle recelait un corps étranger.

Il fut, a raconté M. de Beauvoir à qui nous empruntons ces détails biographiques, opéré à Paris, par le docteur Richet.

Après une guérison rapide, le lieutenant Dominé put revenir au 2e zouaves, où il fut nommé capitaine en 1873.

Deux ans après, lors de la revision des cadres, il entra à l'École de guerre et y passa les années 1877 et 1878.

On l'envoya ensuite au 74e de ligne, et, en 1881, il se trouvait capitaine d'état-major au 8e corps d'armée.

L'année suivante, il faisait partie de l'état-major du 19e corps, sous les ordres du général Saussier, un Champenois comme lui, et prenait part à l'occupation du M'Zab comme sous-chef d'état-major du général Latour-d'Auvergne.

A la fin de 1883, le capitaine Dominé partait sur sa demande, pour le Tonkin, avec le 2e bataillon d'Afrique. Sa nomination de commandant lui parvint au mois de juillet 1884.

C'est en cette qualité que ce brave officier a pu accomplir le brillant fait d'armes de Tuyen-

Quan, qui lui a valu les épaulettes de lieutenant-colonel, et a mis son nom à côté des Rivière, des Garnier, et de tous ces illustres enfants de la France qui ont porté haut et ferme le drapeau national.

Un trait qui peindra le caractère du commandant Dominé : il a pu, avec les seules économies faites sur sa solde, doter sa sœur et lui acheter un petit magasin de mercerie à Eurville, où elle s'est mariée récemment.

Nous avons fait connaître le chef et la garnison de Tuyen-Quan, décrivons maintenant le réduit où ces cinq cents héros ont pu tenir tête à plus de dix mille Chinois.

Cette citadelle est petite, carrée, ses remparts peu élevés ; elle a quatre portes, ayant chacune son bastion en demi-lune à l'extérieur et surmontée d'un mirador où se tient le poste de garde. Elle renferme plusieurs baraques, une mare et un grand mamelon en terre en forme de pain de sucre qui paraît l'œuvre de la nature, et qui remplace pour Tuyen-Quan la tour traditionnelle des citadelles du Tonkin.

On gravit ce mamelon par un escalier de cent quatre-vingt-treize petites marches usées et par un chemin tournant.

Sur le sommet sont bâtis deux pagodes et un vaste magasin à riz, occupés par l'état-major.

Le commandant Dominé habite une pagode et l'interprète l'autre.

Le magasin est divisé en six pièces principales : le bureau de la place, la salle à manger, un magasin pour les munitions de l'artillerie, les logements du capitaine adjudant-major, du docteur et du pasteur Boisset, aumonier militaire attaché à la légion étrangère.

Ces chambres sont séparées par des murs en briques et en terre qui n'arrivent pas jusqu'au toit ou par des cloisons en planches, en nattes ou en bambous. C'est si peu confortable que le capitaine adjudant-major a jugé prudent de faire dresser sa tente dans sa chambre pour mieux abriter son lit.

Du haut de ce mamelon, poste naturel de l'artillerie, on a une vue magnifique sur les environs, jusqu'à plus de cinq ou six kilomètres, où les Chinois sont retranchés dans la forêt.

Les Annamites qui n'ont pas pris la fuite et qui n'ont pas été égorgés par les pirates avant l'entrée des Français, sont agglomérés dans leurs *cagnas*, en dehors des limites de la garnison, à une portée de fusil en aval de la citadelle. Ce village, récemment construit à l'ombre de nos canons, est garanti d'un côté par la rivière et des autres par une haie en bambous, un mur en terre et un abatis.

Par suite de la baisse des eaux, les canonnières ne peuvent pas remonter la rivière Claire : la *Mitrailleuse* reste bloquée à l'abri du canon de la place.

Les Chinois occupent les défilés des environs ; chaque jour on entend des coups de fusil qui servent probablement de signaux, et de temps en temps on les voit s'avancer dans la plaine avec leurs pavillons, et fuir au moindre coup de feu de nos avant-postes.

Le courrier est porté, irrégulièrement, deux ou trois fois par semaine, par un Annamite, qui se cache dans les bois, ou qui se glisse doucement durant la nuit dans son panier, sous la berge de la rivière. Plusieurs de ces piétons ne sont jamais revenus.

On manquait surtout de tabac, ce qui est une grande privation pour les soldats, mais, comme on vient de le voir, les vivres et les munitions étaient en abondance ; les soldats étaient pleins de santé, de force et de courage.

La vallée est des plus pittoresques avec ses forêts de lataniers ; du matin au soir, des oiseaux d'espèces variées, prodiguent leurs chansons ; des bandes nombreuses de sangliers viennent boire sur la rive opposée de la rivière, en face de la citadelle ; dans les broussailles qui entourent les remparts abondent des poules sauvages auxquelles nos troupiers font une chasse des plus actives ; le tigre fait quelquefois entendre son cri dans la forêt ; les Annamites prétendent même que dans la montagne, à vingt-cinq kilomètres de Tuyen-Quan, se trouvent beaucoup d'éléphants.

A cinquante mètres environ, en amont de la citadelle de Tuyen-Quan, en dedans du rayon de cent mètres qu'il est défendu de franchir sans escorte armée, se trouve une vaste pagode qui a dû être fort belle dans sa première splendeur. C'est là que le pasteur Boisset réunit les nombreux soldats protestants de la légion pour le culte public.

On arrive à cet édifice par une cour inculte, jadis fermee par un portail dont il ne reste plus que deux colonnes ayant chacune son pan de mur en mauvais état.

Deux arbres immenses, verts pendant toute l'année, comme la nature l'est en général dans ce pays, sont placés au pied du grand escalier de la porte d'entrée.

Le toit fut percé par les boulets pendant le bombardement de la citadelle.

L'intérieur comprend deux pièces dépourvues de statues de Bouddha.

La première, la plus vaste et la mieux éclairée, encore intéressante par ses inscriptions et ses colonnes laquées, est transformée en chapelle. Elle est garnie de bancs de bois pour le public; une espèce d'autel est maçonné avec des briques et de la terre.

Là où jadis les indigènes fléchissaient le genou devant leurs idoles, retentissent maintenant les prières et les cantiques de nos soldats.

24 novembre. — Aujourd'hui le siège commence.

Sur l'invitation du colonel Duchesne, un détachement est envoyé à six heures et demie du matin à Yuoc pour détruire le barrage reconstruit sur la rivière Claire par les Pavillons-Noirs, après le passage du *Revolver*.

L'opération ne réussit qu'à moitié. La jonque coulée en travers de la rivière, n'est que déplacée, mais elle ne peut être enlevée.

Le détachement rentre à quatre heures du soir à Tuyen-Quan. En arrivant à hauteur de Yuoc, il rencontre un groupe de quinze Chinois armés de fusils sur lequel l'avant-garde de la compagnie de la légion fait feu et qui s'enfuit aussitôt dans la direction de Phu-an-Binh.

25 novembre. — Une reconnaissance d'un peloton de la légion est envoyée, dans l'après-midi, aux villages de Yla et de Tuong-Mou; quinze tirailleurs tonkinois sont adjoints à cette reconnaissance; elle a pour mission de s'assurer que les habitants ne reconstruisent pas les cagnous qui ont été inondées par la colonne Duchesne, de protéger la récolte de riz et veiller à ce qu'il soit rapporté du côté de la citadelle.

D'après le rapport de la reconnaissance, les Pavillons-Noirs ne sont pas revenus à leurs anciens postes de Tuong-Mou.

26 novembre. — Rien à signaler.

27 novembre. — Le commandant Dominé reçoit de Phu-Doan avis que 10,000 Pavillons-Noirs sont à Thuan-Quan.

2,000 Pavillons-Noirs sont à Phu-an-Binh et 1,000 aux environs de Phu-Doan.

28 novembre. — Rien à signaler.

29 et 30 novembre. — Reconnaissance d'un peloton de la légion et de 15 tirailleurs tonkinois à Dong-Yen et à Yla; même mission que la reconnaissance du 25.

1er décembre. — Les espions de Dong-Yen font connaître que dans la matinée, 200 Pavillons-Noirs sont passés à ce village, se rendant dans la direction de Phu-an-Binh. Le soir, ils signalent l'arrivée à Dong-Yen de 800 Pavillons-Noirs venus de Ung-Di par Yla, comme les précédents.

2 décembre. — Une reconnaissance composée d'une compagnie de la légion et de 20 tirailleurs tonkinois est envoyée à six heures du matin à Dong-Yen. Elle n'y trouve plus les Pavillons-Noirs, signalés la veille, lesquels se sont repliés en arrière de Yla, à l'entrée des forêts.

Dans l'après-midi, une dépêche du commandant Bougnié, de l'infanterie de marine, annonce l'arrivée d'un convoi de deux mois de vivres pour la garnison, convoi qu'il est chargé d'escorter avec une compagnie d'infanterie de marine et la canonnière l'*Éclair*.

Il fait connaître que le convoi sur jonques et sampans a dû s'arrêter à quatre kilomètres au-dessous de Yuoc, l'*Éclair* n'ayant pu le remorquer plus haut à cause de la baisse des eaux.

Il demande en même temps qu'une compagnie de la légion soit envoyée au mouillage en question pour prendre 33 bœufs que l'*Éclair* a amenés à son bord et pour protéger le passage devant Yuoc des jonques et des sampans, qui seront dirigés librement sur Tuyen-Quan.

3 décembre. — La compagnie de la légion qui devait aller à Yla pour reconnaître la position des Pavillons-Noirs est, conformément à l'invitation du commandant Bougnié, dirigée sur Yuoc.

En arrivant à un tournant du chemin dans la forêt, cette compagnie, sous les ordres du capitaine Moulinay, est accueillie par plusieurs coups de feu partant d'une position primitivement fortifiée et dont les défenses ont été détruites par la compagnie envoyée le 25 novembre à Yuoc pour la destruction du barrage.

Cette position couvre la naissance d'un chemin qui mène à Phuan-Binh. Aucun homme n'est atteint par ces coups de feu qui passent tous au-dessus de la compagnie.

Cette compagnie atteint le mouillage de l'*Éclair* et le soir à quatre heures et demie, elle rentre à Tuyen-Quan sans incident, ramenant les 33 bœufs. Sous sa protection, les sampans et les jonques ont pu franchir le passage dangereux de Yuoc.

Dans la matinée, une quarantaine de Pavillons-Noirs, drapeaux en tête et avec accompagnement de trompettes, viennent faire une démonstration jusqu'à deux kilomètres environ de la citadelle.

4 décembre. — A une heure du matin arrivent les sampans ; les jonques ont dû s'arrêter au coude de la rivière Claire, à quatre kilomètres environ de Tuyen-Quan, ne pouvant remonter le courant. Dans la journée on décharge les sampans qui, une fois vides, retournent aux jonques pour prendre une partie de leur chargement.

Le commandant Bougnié fait connaître que l'*Éclair* est allé à Phu-Doan et qu'elle reviendra le lendemain au même mouillage avec 33 autres bœufs.

5 décembre. — Les grosses jonques allégées, parviennent à Tuyen-Quan et sont déchargées dans la journée.

Des ordres sont donnés dans la journée, pour qu'une compagnie de la légion, aille le lendemain chercher les bœufs. Ordre est également donné aux 70 hommes d'infanterie de marine qui ont escorté les jonques, de repartir le lendemain matin sur ces mêmes embarcations.

6 décembre. — Les émissaires envoyés à Yuoc ayant fait connaître la veille dans la soirée, qu'un groupe de Chinois est établi au tournant, où a déjà été assaillie la compagnie Moulinay, la compagnie de la légion chargée d'aller chercher les bœufs au lieu de prendre la voie de terre, s'embarque sur les jonques avec l'infanterie de marine, ce qui lui permet d'éviter le passage en question. Elle a ordre de débarquer avant le point où les Chinois ont établi leur premier retranchement, et à partir de ce moment, de se rendre par voie de terre jusqu'au mouillage de l'*Éclair*, flanquant ainsi les jonques sur lesquelles doit rester l'infanterie de marine.

Légionnaire, tenue du Tonkin.

Embuscade de légionnaires et de tirailleurs tonkinois.

CHAPITRE III

COMBATS EXTÉRIEURS

Reconnaissance de Yla. — Prise d'un factionnaire chinois. — Construction d'un blockhaus. — Reconnaissances de Yen. — Reconnaissances chinoises. — Embuscade de la Grande Haie. — Arrivée d'un convoi. — Combat de Dong-Yen. — A la baïonnette. — Déserteurs et prisonniers chinois. — Le village annamite. — Armement des coolies. — Les forces ennemies. — Les drapeaux blancs de Luh-Vinh-Phuoc. — Embuscades du Mamelon-Fleuri.

7 décembre. — Des renseignements apportés la veille par des espions ont fait connaître que les Chinois sont revenus en grand nombre au point où le chemin de Ung-Di pénètre dans les forêts.

Une reconnaissance, composée d'une compagnie de la légion et de 30 tirailleurs tonkinois, est envoyée de ce côté pour déterminer les positions occupées par l'ennemi.

La reconnaissance, partie à cinq heures du matin, arrive au point du jour à Yla, bouscule les avant-postes chinois établis à la lisière de ce village, du côté de Tuyen-Quan, et gagne la lisière extérieure des bois en arrière de Yla. Elle aperçoit sur les hauteurs boisées entre lesquelles s'engage le chemin de Ung-Di, deux ouvrages en construction.

Les Chinois ou Pavillons-Noirs se sont déployés sur ces hauteurs et occupent le mamelon sur lequel s'élève le fortin imparfaitement détruit dans la journée du 20 novembre. La reconnaissance entend en même temps de grands cris sur sa droite ; ces cris partent d'un rideau de bois qui précède un ravin presque infranchissable.

Le capitaine Moulinay, qui commande la reconnaissance, estime à 500 hommes environ le nombre de Chinois qu'il a vus sur les hauteurs. Conformément aux instructions reçues, la reconnaissance ne s'engage pas ; elle revient à la citadelle, où elle est de retour à neuf heures du matin.

Dans la journée on aperçoit une grande ligne de fumée du côté du ravin, d'où la reconnaissance a entendu partir des cris. Le soir, des espions, envoyés de ce côté, viennent rendre compte que 7 à 800 Pavillons-Noirs sont derrière le ravin et qu'ils y installent un campement. Les Chinois établis sur la hauteur sont, disent-ils, des réguliers du Yun-Nam.

8 décembre. — Rien à signaler.

9 décembre.— Une patrouille de 30 tirailleurs tonkinois, commandée par le sergent-major de Bergues, envoyée dans la journée du côté de Yla, parvient à s'approcher, sans être vue, d'un petit poste chinois et s'empare d'une sentinelle. Les renseignements fournis par le prisonnier confirment ceux qui ont été donnés par les espions.

10 décembre. — Rien à signaler.

11 décembre. — Commencement de la construction d'un blockhaus pour 20 hommes, sur un mamelon situé à 300 mètres de la citadelle, en avant du secteur S.-O. De ce mamelon et d'autres plus éloignés, on a des vues dans l'intérieur de la citadelle.

La construction de ce blockhaus a pour but de tenir la hauteur la plus rapprochée de la place et par ses feux d'empêcher l'adversaire de s'établir sur les hauteurs voisines.

Une reconnaissance, composée de 30 tirailleurs tonkinois et de 20 légionnaires, sous les ordres de M. le lieutenant Goullet, des tirailleurs tonkinois, est envoyée du côté du village de Yen. Elle a pour mission de s'approcher du ravin derrière lequel on a déjà constaté la présence des Pavillons-Noirs et de chercher à déterminer l'extrémité de leur ligne.

La reconnaissance, après avoir dépasse Yen, s'avance jusque près du ravin par un chemin qui le traverse. Mais l'approche de la reconnaissance est signalée par un petit poste, qui fait feu ; de grands cris se font entendre derrière le chemin.

Conformément aux instructions reçues, la reconnaissance pour ne pas s'engager, retourne sur ses pas. Par cette opération, on a obtenu le résultat de savoir que la ligne des Pavillons-Noirs s'étend à droite et à gauche de la direction principale par laquelle ils peuvent être abordés.

12 décembre. — Rien à signaler.

13 décembre. — A deux heures de l'après-midi, un groupe d'une quarantaine de Chinois, dirigés par deux chefs à cheval, s'avance en ordre dispersé sur le terrain qui s'étend entre le village de Yla et la ligne de mamelons ci-dessus, à propos de la construction du blockhaus.

La reconnaissance chinoise se déploye en tirailleurs, marche sur le blockhaus et s'en approche à 12 ou 1500 mètres.

Deux patrouilles sont envoyées pour essayer de lui couper la retraite ; la première, composée de 20 légionnaires, prend par le chemin de Yen et suit la ligne des hauteurs ; l'autre formée de 20 tirailleurs tonkinois, se porte vers la droite des Chinois pour la déborder en profitant pour se dissimuler d'une longue haie très touffue et très épaisse, qui coupe le terrain à peu près à égale distance entre Tuyen-Quan et Yla.

Les Chinois s'aperçoivent à temps de ces mouvements et battent en retraite. Pendant toute cette opération, ils restent en ordre dispersé et aucune occasion ne se présente de leur envoyer un projectile d'artillerie.

14 décembre. — Rien à signaler.

15 décembre. — Achèvement de la construction du blockhaus, qui est occupé le soir même. 70 hommes de la légion ont été employés journellement à ce travail qui n'a pas demandé plus de six jours.

16 décembre. — Deux déserteurs chinois, appartenant à l'armée régulière viennent se rendre à la citadelle. Leurs renseignements confirment les rapports précédents au sujet de la présence de 1,500 Chinois réguliers ou Pavillons-Noirs autour de Tuyen-Quan. Ces deux Chinois appartiennent à un renfort de 500 hommes arrivé récemment de Lao-Kaï.

A onze heures du matin, les Chinois dirigent sur le blockhaus une reconnaissance semblable à celle de la veille ; cette reconnaisance est repoussée par la garnison du blockhaus qui tire à 600 mètres. Aucun des Chinois n'est atteint.

17 décembre. — A six heures et demie, une reconnaissance, composée de 30 tirailleurs tonkinois et de 20 légionnaires, sous les ordres du lieutenant Goullet, des tirailleurs tonkinois, va de nouveau dans la direction de Yen ; elle a pour mission de chercher un chemin plus rapproché de la rivière Claire que celui suivi le 11 décembre, chemin qui permettrait peut-être de gagner la gauche des campements chinois.

La reconnaissance ne trouve que des sentiers qui se perdent avant d'arriver à hauteur de Yen.

Des renseignements obtenus le même jour par des espions font connaître que les campements ennemis s'étendent jusqu'à la rivière Claire.

L'ennemi, ayant envoyé, deux jours de suite, une reconnaissance vers le blockhaus, une embuscade, composée de 30 tirailleurs tonkinois sous les ordres du sergent-major de Bergues, est envoyée à dix heures du matin, derrière la grande haie, qui coupe la plaine entre Tuyen-Quan et Yla ; l'embuscade est à peine installée qu'un groupe de 200 réguliers chinois, en kéos noirs surchargés de caractères rouges, débouche de Yla, marchant sur le blockhaus.

Ce groupe, déployé en tirailleurs, est précédé, à 200 mètres, de deux éclaireurs suivant le chemin de Yla à Tuyen-Quan. L'embuscade les laisse approcher et les tue à bout portant. Le gros de la reconnaissance chinoise continuant à avancer, les tirailleurs tonkinois se replient et regagnent

Tuyen-Quan, en suivant la haie jusqu'au point où elle est occupée par le chemin de Dong-Yen. Les Chinois, d'ailleurs, ne dépassent par cette haie, et font demi-tour quelques minutes après l'avoir atteinte.

18 décembre. — Une nouvelle embuscade, composée de 20 tirailleurs tonkinois et d'un peloton de la légion, sous le commandement du sous-lieutenant Proye, est renvoyée, à neuf heures du matin, derrière la haie.

A dix heures, les Chinois débouchent encore de Yla, au nombre d'une cinquantaine. Ils font quelques centaines de mètres dans la direction de la haie; mais soit qu'ils aient éventé l'embuscade, soit pour tout autre motif, on les voit subitement prendre le pas de course pour rentrer à Yla.

A deux heures de l'après-midi, arrivée de quatre jonques chargées de vivres, pour porter à six mois l'approvisionnement de la place.

Le convoi est escorté par un détachement d'infanterie de marine. Le commandant Bougnié, qui commande le poste de Phu-Doan, est venu à Yuoc avec deux compagnies pour protéger le passage du convoi à ce point dangereux, à l'aller et au retour.

19 décembre. — Départ à neuf heures du matin des jonques et de l'escorte.

20 décembre. — Rien à signaler.

21 décembre. — Les rapports des espions

ont signalé la présence de 1,500 à 1,600 Chinois autour de Tuyen-Quan. Pour contrôler ce renseignement, le commandant Dominé fait faire, dans la matinée du 21, une reconnaissance offensive qu'il dirige vers Dong-Yen, c'est-à-dire sur le chemin de Phu-an-Binh.

Cette reconnaissance, sous les ordres du capitaine Cattelin, de la légion étrangère, se compose de : une compagnie de la légion ; une pièce de 4 approvisionnée à 30 coups ; 30 tirailleurs tonkinois ; un détachement d'ambulance.

A sept heures du matin, la reconnaissance part dans la direction qui lui a été indiquée. Le brouillard est très intense, et le capitaine Cattelin arrête son détachement à 500 mètres de Dong-Yen, pour attendre qu'il se soit dissipé.

Réguliers du Kouang-Si.

A neuf heures et demie, le brouillard disparaît, le capitaine Cattelin aperçoit alors deux fortins sur la gauche et en arrière de Dong-Yen, et les prend comme point de direction en laissant Dong-Yen sur sa droite.

Conformément aux instructions qu'il a reçues, il fait prendre position à un peloton à la lisière d'un petit bois, et avec l'autre il forme trois fortes patrouilles, qui s'avancent sur un même front, suivant la direction du chemin de Phu-an-Binh, lequel passe tout près des fortins.

Après avoir fait 5 ou 600 mètres, la ligne de patrouilles tombe sur un petit poste chinois qui s'enfuit immédiatement. Le petit poste est poursuivi, mais après avoir fait quelques pas, les patrouilles sont accueillies par un feu très vif partant d'une tranchée, qui barre la route à 200 mètres environ de l'emplacement du petit poste.

En deux bonds la ligne de patrouilles déployée atteint le retranchement et en chasse les défenseurs à la baïonnette. Les Chinois tentent un retour offensif pour reprendre leurs morts et leurs blessés, mais ils sont repoussés par les feux de salve des légionnaires.

A ce moment les assaillants se trouvent pris en flanc par les feux d'un des fortins. Les tirailleurs tonkinois qui sont à la droite de la légion font face à ces fortins et, par leurs feux, en chassent les défenseurs.

Pour soutenir la ligne d'attaque, le capitaine Cattelin a fait avancer une des deux sections du repli, laquelle se trouve alors à 400 mètres du retranchement.

L'ennemi, en s'enfuyant, a montré ses forces ; le capitaine Cattelin estime, que, tant dans la tranchée que dans les fortins, il y a environ 500 Chinois.

Le but de l'entreprise étant atteint de ce côté, le signal de la retraite est donné ; le moment est d'ailleurs favorable, l'ennemi étant alors en fuite sur la route de Phu-au-Binh.

Le feu, durant cette action, a été très vif ; cette intensité de la fusillade à laquelle se mêlaient les coups de la pièce de 4, protégeant le retour de la ligne d'attaque, a eu une conséquence très favorable, au point de vue du but cherché.

Tous les Chinois, établis autour de la place, sortirent de leurs campements, et du haut de la citadelle nous les vîmes se déployer sous nos yeux ; leurs groupes couvraient la plaine à 4 kilomètres environ de la place et ils étaient certainement plus de mille. Toute cette foule prenait ensemble la direction de Yla pour se jeter sur les derrières de la reconnaissance.

Le nombre des munitions consommées dans cet engagement est de 15,000 cartouches infanterie, 24 obus de 4, 75 obus Hotchkiss.

Les pertes de l'ennemi dans cette affaire sont estimées au moins à 150 hommes. Les nôtres sont de 9 hommes blessés.

22 décembre. — Rien à signaler.

23 décembre. — Les rapports des espions

font connaître qu'à la suite de l'affaire du 21, Luh-Vinh-Phuoc est venu lui-même avec un renfort de 500 Pavillons-Noirs.

24 décembre. — Une patrouille d'Annamites fournie par le nouveau village de Tuyen-Quan, s'empare d'un Pavillon-Noir. Les rapports des espions, au sujet de l'arrivée de Luh-Vinh-Phuoc, sont confirmés par ce prisonnier.

25 décembre. — Rien à signaler.

26 décembre. — Un Chinois régulier est pris sur le chemin de Dong-Yen par une patrouille de la légion étrangère.

Ce prisonnier donne les renseignements suivants:

3,200 Chinois sont réunis autour de Tuyen-Quan, à savoir 2,000 Pavillons-Noirs et 1,200 réguliers de Kouang-Si.

Les 1,200 réguliers sont stationnés dans les fortins de Dong-Yen; les Pavillons-Noirs occupent les retranchements de Truong-Mou et les campements en arrière du grand ravin qui, de Truong-Mou, va à la rivière Claire.

A Thuan-Quan se trouvent 5,000 réguliers de Yun-Nam, et la route de Tuyen-Quan à Phu-an-Binh est jalonnée par des postes dans lesquelles se trouvent encore un millier de Pavillons-Noirs.

27 et 28 décembre. — Rien à signaler.

29 décembre. — Le village construit pour recevoir tous les Annamites qui sont réfugiés sous la citadelle est terminé, et les indigènes vont s'y installer. Sauf la place qui regarde la citadelle, ce village est entouré d'un mur en terre, haut de deux mètres et épais de cinquante centimètres.

Les 80 coolies employés aux travaux de la place sont organisés en milice pour la défense du village. Ils forment 4 sections commandées chacune par un caï.

La milice est commandée par le mandarin Nguyen dôn Bâh, auquel les indigènes donnent le titre de capitaine annamite. Ce mandarin, qui paraît peu flatté de l'honneur qui lui est fait, a pour le seconder dans son commandement, le doï des coolies, Hang van Hinh, du village de Yen, qui est un homme énergique et sachant se faire obéir.

C'est d'ailleurs à ce doï qu'est due la construction du village, le tong-doï, qui est vieux et malade, opposant une inertie absolue à tous les ordres qui lui sont donnés.

L'armement des coolies consiste en lances de bambou appointées ; le capitaine annamite a un fusil à répétition et un pistolet : le doï a un fusil à piston.

30 décembre. — Rien à signaler.

31 décembre. — A onze heures du matin, un groupe de 500 Chinois, venant des directions Truong-Mou et Yen, marche sur le blockhaus en ordre de combat. Des drapeaux blancs, drapeaux personnels de Luh-Vinh-Phuoc, d'après les renseignements donnés par les deux prisonniers, sont portés en avant de la ligne de tirailleurs. Arrivés à 1,500 mètres environ du blockhaus, les Chinois s'arrêtent et font demi-tour presque aussitôt après.

1er janvier. — Des espions font connaître que Luh-Vinh-Phuoc est retourné à Phu-an-Binh avec un groupe d'environ 1,500 Pavillons-Noirs. La démonstration de la veille a sans doute eu pour but de donner le change sur le mouvement exécuté par le chef des Pavillons-Noirs.

A huit heures du soir le village est attaqué par un groupe de Chinois qui vient se butter contre les défenses dont le village est entouré.

2 janvier. — Une embuscade est tendue le soir au groupe de pagodes situé au sud-est du village, mais les Chinois ne reviennent pas.

3 janvier. — Une deuxième embuscade est tendue le soir à la petite pagode située sur le chemin de Dong-Yen. Les Chinois ne se présentent pas plus que la veille.

4 janvier. — Depuis plusieurs jours, les Chinois ont pris l'habitude d'envoyer, à onze heures du matin, quelques groupes sur la ligne de mamelons dirigée suivant le chemin de Yen. Une embuscade de trente légionnaires est placée, à dix heures du matin, sur le plus éloigné de ces mamelons, dit « Mamelon fleuri ».

Un premier groupe de huit Chinois se dirige sur ce point à l'heure habituelle ; derrière lui un groupe plus fort s'est embusqué dans la broussaille à l'extrémité de la grande ligne de bois et de broussailles, dite « Grande haie ». Le groupe d'éclaireurs arrive à 400 mètres de l'embuscade, qui est alors éventée, et la patrouille chinoise se retire ensuite sur Truong-Mou, d'où elle est venue.

5 janvier. — Rien à signaler.

6 janvier. — Rien à signaler.

7 janvier. — La face du village qui regarde la citadelle n'était protégée que par une haie à claire-voie, pour empêcher les Chinois qui auraient pris le village de se servir contre nous d'un mur mis en état de défense. Un grand abatis est fait pour empêcher l'adversaire d'aborder cette face.

8 et 9 janvier. — Rien à signaler.

Les coolies à Tuyen-Quan.

Batterie sur le sommet du grand mamelon.

CHAPITRE IV

ATTAQUES DU BLOCKHAUS

Première attaque du blockhaus. — Renforts chinois. — Travailleurs ennemis. — Poste en palanques. — Le tam-tam. — Tir de notre artillerie et des hotchkiss. — Départ d'un piéton. — Camp et uniformes chinois. — Attaque de nuit. — Incendie du village annamite. — Danger couru par le pasteur Boisset. — Feu de la *Mitrailleuse*. — Attaque du blockhaus par trois colonnes. — Le sergent Leber. — Un adroit tireur. — Le capitaine de Borelli. — Pertes des Chinois.

10 janvier. — Dans la nuit du 9 au 10, à deux heures du matin, le blockhaus est attaqué par un groupe de Chinois venus par le chemin de Yen.

Le sergent qui commande le poste du blockhaus les laisse approcher jusqu'à 50 mètres et commence le feu sur eux. Quelques décharges suffisent pour mettre les Chinois en fuite. Le plus grand nombre se retire sur le troisième des mamelons qui jalonnent la route de Yen.

De ce mamelon, il tire sur le blockhaus à 250 mètres et sur la citadelle à 600 mètres. Quelques Chinois, perdus sans doute, au lieu de reprendre le chemin de Yen, descendent vers la citadelle. Ils sont accueillis par une salve du poste de la demi-lune sud et s'enfuient par les marais.

Un groupe de Chinois est venu aussi par un second chemin de Yen, chemin qui traverse un mouvement de terrain assez prononcé au nord du premier.

De l'extrémité de ce mouvement de terrain, le groupe en question tire à 400 mètres sur la citadelle et ses balles viennent siffler au-dessous des remparts ou s'enfoncent dans la terre du mamelon central.

Le feu des deux groupes ne dure guère plus d'un quart d'heure après la déroute des assaillants du blockhaus et le restant de la nuit s'écoule tranquillement.

Au matin, au réveil, on voit l'ennemi qui se retire dans la plaine. Tout est calme. Sur le terrain où les Chinois se sont avancés pour l'attaque du blockhaus, on trouve un fusil à tabatière, plusieurs armes blanches, des sacs de poudre ou pétards et un millier de cartouches.

Dans l'après-midi, la reconnaissance qui a été envoyée sur le deuxième chemin de Yen (chemin nord), s'empare de deux chevaux.

Du 11 au 15 janvier. — Rien à signaler.

16 janvier. — Depuis trois jours une patrouille chinoise d'une quinzaine d'hommes vient régulièrement chaque jour, vers dix heures du matin, de Dong-Yen jusqu'à la « Grande haie » (au point où celle-ci est coupée par la route de Dong-Yen). Une embuscade de trente hommes, commandée par le sous-lieutenant Proye, de la légion étrangère, est envoyée sur le chemin de Dong-Yen, au-delà de la « Grande haie ». Elle s'y rend par la communication défilée.

Arrivé au point indiqué, le commandement de détachement entend sur sa gauche et en arrière de lui le mouvement d'un groupe assez considérable. Il se retire alors par le chemin déjà parcouru pour l'aller et se trouve suivi par une cinquantaine de Chinois qui ne l'aperçoivent pas. Parvenu à un arroyo, qui lui sert de couvert, il arrête et embusque sa troupe qui laisse approcher les trois Chinois éclaireurs du groupe et les tue à bout portant. Les Chinois se déploient alors et viennent prendre position sur l'arroyo.

Le détachement, qui a reçu pour consigne de ne pas s'engager, se retire par la communication défilée sans être inquiété, les Chinois ne continuant pas leur poursuite.

17 janvier. — Depuis quelques jours on aperçoit de grandes fumées dans le village de Yla. Les espions envoyés en reconnaissance rapportent qu'un renfort de 1,500 hommes est arrivé aux Chinois de Phu-an-Binh et que ces 1,500 hommes s'installent aux villages de Yla et Yen.

18 janvier. — Rien à signaler.

19 janvier. — A huit heures du matin, un groupe d'environ 200 Chinois, venant de Yen par la route sud, avance vers le blockhaus et s'en approche à 300 mètres, une partie en suivant la ligne des mamelons et le reste en passant par les sentiers de la plaine.

La ligne déployée des Chinois ouvre le feu sur le blockhaus et sur le mamelon de la citadelle. Ils se retirent vers onze heures du matin et à 2,000 mètres de la citadelle, sur la route sud de Yen. Ils démasquent un poste retranché à la lisière d'un bois.

Ce poste a une avancée au mamelon du Gros-Arbre-Vert; quatre coups de hotchkiss sont tirés sur le poste, mais ils restent sans résultat, quoique tous à bonne distance, à cause de l'abri du retranchement, lequel paraît très enterré.

A quatre heures et demie du soir, on aperçoit une longue colonne de 600 hommes qui traverse la plaine à 4,000 mètres environ de la citadelle, se rendant de Yen à Yla.

20 janvier. — Même manœuvre des Chinois contre le blockhaus et à la même heure ; ils se replient vers midi sur le poste retranché de Yen, après avoir essuyé quelques coups de hotchkiss.

A trois heures de l'après-midi une seconde colonne de 600 hommes se rend de Yen à Yla. Deux coups de 80 sont tirés sur elle, au moment où elle entre dans le village de Yla. Quoique ces coups paraissent bien porter, la colonne continue son mouvement sans se débander.

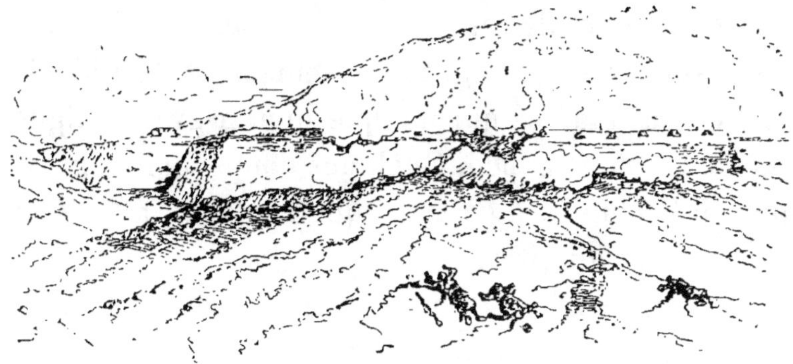

Front sud de la citadelle.

Dans l'après-midi, on découvre sur le chemin nord de Yen, au milieu des arbres, un poste retranché en palanques ; ce poste paraît être à la hauteur du Gros-Arbre-Vert, c'est-à-dire à 1,500 mètres environ du mamelon de la citadelle.

21 janvier. — A huit heures du matin, des groupes très nombreux, mais faibles et disséminés, se dirigent de Yla vers la grande ligne de bois qui partage la plaine entre Yla et la citadelle. Le nombre des Chinois venus de Yla est d'environ 500.

De grands feux s'allument vers dix heures sur toute la ligne des bois, il y a lieu de penser que les Chinois travaillent à une tranchée ; mais, à cause du masque des arbres, il n'est pas possible d'en fixer la position.

D'ailleurs l'épaisseur du bois ne permettrait pas de repérer la distance avec le canon et, par conséquent, il n'est pas possible sans une consommation exagérée de munitions, de retarder ce travail au moyen de l'artillerie.

Le soir, quelques groupes seulement de Chinois rentrent à Yla, ce qui indique que la grande ligne des bois reste occupée. Quelques coups de hotchkiss sont tirés sur les groupes qui rentrent à Yla et s'éparpillent aussitôt.

22 janvier. — Pendant la nuit on a entendu le tam-tam des petits postes chinois sur toute la ligne des bois et jusqu'aux portes de la route nord de Yen.

De nombreux travailleurs arrivent encore de Ya dans la matinée, vers la grande ligne des bois, mais ils sont éparpillés. Dans le but du ralentir le travail que les Chinois ont certainement entrepris sur cette ligne, on tire quelques coups de hotchkiss sur les ennemis qui se rendent au travail, mais on ne parvient pas à arrêter leur mouvement.

Dans la journée ceux-ci mettent le feu à la grande haie, qui est au-delà du blockhaus. On croit qu'ils veulent se retrancher par là pour nous attaquer sérieusement plus tard.

Le soir, on tire encore quelques coups de hotchkiss sur les travailleurs qui se groupent pour rentrer à Yla.

23 janvier. — Depuis quelques jours il fait froid. Nous avons à peu près la température qui existe en France au mois de mai, 12° à 16°, mais nous sommes tellement sensibles, après les mauvaises chaleurs de l'été, que nous avons besoin de nous couvrir.

Les travailleurs reviennent encore de Yla à la ligne des bois, et il en vient encore un plus grand nombre de Dong-Yen. Ces derniers passent par le village de Ya-Ho, où ils se chargent de branches d'arbres, de fascines et de bottes de paille. Durant toute la journée, la plaine est parsemée de petits groupes de travailleurs par cinq ou six, entre Ya-Ho et la ligne des bois.

On essaye encore d'arrêter ces allées et venues des travailleurs au moyen du hotchkiss, mais sans résultat; on ne tire d'ailleurs que très peu.

Dans la matinée, la ligne des Chinois, qui protège le travail, ouvre le feu contre le blockhaus de la lisière des bois ; ce feu est appuyé par le tir d'une batterie de 4 fusils de rempart braqués dans la haie, auxquels on ne répond pas.

Il ne se passe presque pas de nuit sans que nous entendions des coups de fusil. Même dans la journée on tire quelquefois sur le mamelon de la citadelle. Le commandant d'armes a fait partir un piéton hier soir. Passera-t-il à Yuoc? Depuis douze jours nous n'avons eu qu'un courrier local, et depuis le 8 courant, il ne nous est rien arrivé de France.

24 janvier. — Le travail des Chinois semble s'arrêter. La ligne qui occupe la lisière des bois tiraille comme la veille ; divers projectiles tombent sur le mamelon de la citadelle ; la batterie de rempart tire 38 coups sur le blockhaus. Un seul coup atteint cet ouvrage sans l'entamer.

Il n'est pas facile de répondre à l'ennemi, car il est toujours caché dans les brousailles ou derrière les talus des rizières. Cependant quelques coups de hotchkiss et un coup de 80 sont tirés sur plusieurs groupes qui, dans l'après-midi, circulent entre la ligne des bois et Yla.

25 janvier. — Dans la nuit, les fils du Céleste-Empire nous envoient encore des balles ; c'est le siège en règle maintenant !

Le travail, suspendu la veille, reprend avec plus

d'activité. Plus d'un millier d'hommes de corvées
vont et viennent toute la journée entre Ya-Ho et
la ligne des bois. Les Chinois auraient-ils l'intention d'attaquer la place pied à pied ?

Pour arrêter le travail, on tire de la place
41 coups de hotchkiss et quelques coups de 80 ;
plusieurs coups heureux mettent hors de combat
une douzaine de Chinois ; mais le travail n'en con-

Campement chinois

tinue pas moins. Dans la journée on aperçoit sur
la route de Phu-an-Binh, à 5 kilomètres de la
place, un camp d'une soixantaine de tentes.

A la longue vue, on distingue les différents uniformes des Chinois ; les uns ont un vêtement noir
orné de bleu, les autres un vêtement noir avec
bordure rouge, d'autres un vêtement gris-fer ; un
certain nombre portent un costume tout rouge ;
d'autres un costume bleu de ciel ; enfin, un groupe

porte une sorte de blouse bleu-foncé ; ces derniers sont sans doute des Pavillons-Noirs.

D'après les renseignements qu'a pu se procurer le Tong-Doï, le nombre des Chinois réunis autour de Tuyen-Quan est de 5,000, et Luh-Vinh-Phuoc, avec 2,000 Pavillons-Noirs, occupe le défilé de Yuoc.

26 janvier. — Vers une heure du matin, trois ou quatre coups de fusil des Chinois sont tirés sur le rempart: les sentinelles les signalent; puis tout rentre dans le silence.

A cinq heures et demie une vive fusillade se fait entendre, plusieurs escouades répondent. Le village annamite est subitement incendié. Les cris déchirants des habitants arrivent jusqu'à nous; ces malheureux se réfugient sous les murs de la citadelle et sur la rive droite de la rivière à l'abri du cantonnement des tirailleurs tonkinois. L'approche des Chinois n'a pas été signalée par les habitants du village.

Les coups de feu deviennent de plus en plus nourris. Le piquet prend les postes de combat. Les balles sifflent partout.

L'ennemi sonne de la corne sous la face opposée en amont de la citadelle. L'avant-garde de la colonne chinoise, embusquée dans les broussailles et derrière le talus des rizières, a incendié les maisons et simulé une fausse attaque pour tromper notre attention et permettre au héros de la troupe de nous faire subir de nombreuses pertes et peut-être de prendre la citadelle.

En voulant descendre du mamelon, pour se rendre à l'ambulance, le pasteur Boisset franchit directement, dans l'herbe mouillée par la rosée, la pente rapide du monticule. L'ennemi l'aperçoit et dirige sur lui une grêle de balles, qui heureusement ne l'atteignent pas, et le brave aumônier arrive enfin sain et sauf à l'ambulance, où les projectiles pleuvent dans la cour et la cuisine.

Les Chinois, sortant alors du village, s'avancent jusqu'au mamelon de la pagode démolie, dite Pagode do la compagnie chinoise. Ils essuient alors le feu des tirailleurs tonkinois et se replient dans le village.

Une partie s'établit dans les rochers qui sont au pied de la berge de la rive droite à la hauteur du village et de là tirent sur la *Mitrailleuse*. Cette canonnière prend alors son poste de combat au milieu de la rivière, et de concert avec plusieurs tirailleurs tonkinois, répond au feu dirigé sur elle. Plusieurs de ses servants sont blessés, mais très légèrement.

Le piquet de la garde de la citadelle se porte alors au rempart, qui se trouve garni par une compagnie sur tout le pourtour. Les balles sifflent toujours, mais aucun homme n'est blessé derrière les gabions.

Un quart d'heure environ après l'attaque tentée contre le baraquement des Tonkinois, deux attaques se dessinent, l'une contre la haie nord de la citadelle et l'autre contre le blockhaus.

Du côté de la face nord, les Chinois, ayant fait un grand mouvement tournant, s'avancent défilés par les berges de la rive droite de la rivière Claire, le long de la grève découverte par suite de la baisse des eaux. La colonne venue de ce côté est estimée à un millier d'hommes par le capitaine de la *Mitrailleuse*, qui, vu sa position, peut la découvrir tout entière.

A 100 mètres environ de la citadelle, la tête de colonne quitte le bord de la rivière pour gagner le chemin. Elle est accueillie par les feux de la face nord.

En même temps la *Mitrailleuse* tire à mitraille sur la partie de la colonne qui n'a pas encore quitté le bas de la berge.

Ces deux feux combinés produisent un effet foudroyant ; la colonne chinoise se rompt aussitôt : ceux qui se trouvent sur le chemin cherchent un abri derrière tous les obstacles du terrain.

Les pièces de 4 du mamelon tirent sur ces abris, et, lorsque les Chinois les quittent pour se retirer un à un, ils se trouvent en butte au feu des tireurs de position, choisis parmi les meilleurs de la légion, qui occupent le mamelon.

Contre le blockhaus, trois colonnes sont dirigées simultanément : la première venant de la grande pagode, la deuxième de la direction de Yla et la troisième de la direction de Yen par la ligne des mamelons.

Chacune de ces colonnes est forte de trois cents hommes environ.

Le poste du bockhaus, 18 hommes commandés par le sergent Leber de la légion, les tient toutes trois à distance.

Les deux premières se retirent au bout d'une demi-heure ; mais la troisième, qui a pris position sur le mamelon à 200 mètres du blockhaus, y reste jusqu'à dix heures du matin, et de là tire sur cet ouvrage et la citadelle.

La face ouest de la citadelle, en flanquant le blockhaus, a contribué à la retraite rapide des deux premières colonnes. L'artillerie, du haut du mamelon de la citadelle, a tiré avec des hotchkiss sur toutes les colonnes chinoises.

Du côté de la face sud, les Chinois profitant du terrain couvert, s'établissent derrière la digue qui relie la grande pagode au fleuve et au village annamite. Ils y exécutent immédiatement une tranchée et leur ligne d'investissement se trouve de ce côté n'être plus qu'à 550 mètres du cantonnement des tirailleurs tonkinois.

Notre artillerie tire trois obus dans la pagode du

culte convertie en église par le pasteur Boisset et où les Chinois se sont réfugiés.

Les projectiles traversent la toiture et éclatent avec un bruit sourd dans l'intérieur. Tous se sauvent par toutes les ouvertures ; les balles de nos tireurs en abattent quelques-uns, qui se détachent en points noirs sur le talus gazonné de la digue.

Le capitaine de Borelli, de la légion étrangère, a pris le fusil d'un soldat et fait avec une rare adresse le coup de feu contre les Chinois. Officier démissionnaire, il s'est rengagé dans la légion étrangère, où il a rapidement reconquis ses anciens grades.

Le capitaine de Borelli, en tirant sur un Chinois qui emmène une bufflesse, abat celle-ci. Cet animal est étendu dans la rizière derrière la pagode, et son petit, resté vivant, tette de temps en temps, se couche ou tourne autour de sa mère.

Le nombre des morts de l'ennemi, dans cette journée, ne peut être apprécié d'une façon exacte. On a vu emporter des Chinois de toutes parts. Nous devons en avoir tué plus d'une centaine; une reconnaissance poussée dans l'après-midi, en avant de la face nord, trouve sur le terrain cinq cadavres et un pavillon; de nombreuses taches de sang marquent la ligne de retraite

De notre côté nous avons eu deux blessés appartenant tous deux au poste du blockhaus : le caporal Kummer, de la légion, légèrement atteint, et un tirailleur tonkinois, qui a eu une partie de la figure emportée.

Pendant tout le restant de la journée, les Chinois, de leur nouvelle ligne d'investissement, cachés dans les broussailles et le village qu'ils ont complètement pillé, ne cessent de tirer sur les tirailleurs tonkinois et sur la citadelle, dans laquelle les projectiles tombent de toutes parts.

Le travail des Chinois ne se ralentit pas de toute l'après-midi ; des fascines et des branches d'arbres sont apportées sur la ligne d'investissement. Il n'y a plus à en douter, c'est une attaque pied à pied qui se prépare. De notre côté nous complétons le travail de défilement des communications et du logement.

Luh-Vinh-Phuoc aux avant-postes chinois.

La grande tranchée chinoise.

CHAPITRE V

ÉVACUATION DU BLOCKHAUS

Les fusils de rempart chinois. — Nouvelle attaque du blockhaus. Feux de nuit. — La tranchée chinoise. — Nos tireurs de position. Adresse des tirailleurs ennemis. — Sept cents Chinois abattus par vingt-cinq Français. — Travaux intérieurs. — Le mannequin des tirailleurs tonkinois. — Ruses des Chinois. — Prise de chevaux. — Enterrement du légionnaire Taube. — Triple attaque du blockhaus. — Évacuation du blockhaus. — Arrivée des Chinois. Un heureux obus. — Combat d'artillerie. — Un feu d'enfer. — Bombardement du blockhaus. — Trait de courage du tirailleur Gia. — Intrépidité des Tonkinois. — Activité des travaux chinois. — Les Pavillons-Noirs au blockhaus. — Continuation du bombardement.

27 janvier. — Pendant la nuit du 26 au 27, et pendant toute la journée du 27, les Chinois continuent le bombardement de la citadelle avec leurs fusils de rempart, au nombre de dix.

Au milieu de la nuit une attaque de vive force est tentée contre le cantonnement des tirailleurs tonkinois; les Chinois se lancent en poussant de grands cris sur la face sud de leur baraquement, mais ils sont repoussés par les feux croisés des Tonkinois et des postes de la face sud de la citadelle.

Peu après, une attaque est dirigée contre le blockhaus; cette attaque est également repoussée.

La veille, au soir, de grands feux ont été allumés par les Chinois dans la grande pagode et dans la pagode de la route de Yuoc; les pièces de 80 millimètres ont été pointées avant la tombée de la nuit sur ces deux points; à cinq heures du matin, un obus à balles est envoyé dans chacune des deux pagodes, que les Chinois abandonnent en poussant de grands cris.

Pendant la journée, il n'est répondu au bombardement que par le feu de quelques tireurs de position; ces derniers prennent pour objectif les travailleurs ennemis qui se montrent à découvert sur la ligne retranchée que les Chinois construisent entre la grande pagode et la lisière sud du village annamite (distance de tir, 700 et 750 mètres); ce feu des tireurs de position est très efficace, et dans le courant de la journée on constate l'enlèvement de huit hommes mis hors de combat.

Ces tireurs de position, au nombre de 25, choisis parmi les plus habiles, ont eu pour mission, pendant toute la durée du siège, de tirer sur les rôdeurs ennemis que l'on apercevait dans un rayon de 800 mètres ; on pariait sur ces coups et l'on a compté sept cents réguliers ou Pavillons-Noirs tués de cette façon.

Comme nous, d'ailleurs, les Chinois ont des tireurs de position, placés en arrière du village annamite, qui, par leur feu, rendent impraticable pour les hommes à découvert la face sud du mamelon, ainsi que la partie de la citadelle comprise entre le pied du mamelon et les faces sud des baraques de la 2ᵉ compagnie de la légion.

Les murs de clôture en briques faits précédemment autour des baraques de la 2ᵉ compagnie pour garantir les hommes contre le froid, sont maintenant de la plus grande utilité contre les balles ; mais leur résistance est à peine suffisante contre les projectiles des fusils de rempart, et des gabions sont préparés pour le revêtement intérieur des baraques. De nouveaux parados et de nouvelles traverses sont faits sur le rempart.

Dans la journée du 27, le légionnaire Taube, de la 2ᵉ compagnie, est blessé mortellement d'une balle en pleine poitrine, pendant qu'il travaille à la traverse ouest du cantonnement de sa compagnie.

28 janvier. — Ce matin, au point du jour, on aperçoit partant du point appelé « Saillant de la haie », un boyau de communication qui s'avance vers le blockhaus.

Plusieurs coups de hotchkiss sont envoyés sur la tête de sape; le travail semble d'ailleurs interrompu dans la journée.

Il faut s'attendre à ne plus pouvoir conserver le blockhaus; aussi les travaux intérieurs de défilement sont-ils très activement poussés. La 1re compagnie de la légion construit une traverse coupant le chemin qui mène de la porte d'entrée à son cantonnement: cette traverse, élevée à l'entrée du cantonnement, le garantit contre les coups venant du sud.

La 2e compagnie place ses gabions autour des murs du baraquement; elle continue également à travailler à la grande traverse. Le service du génie, au moyen de 60 hommes de corvée de la légion, continue le cheminement de file dans la rampe du mamelon.

Toute la nuit du 27 au 28 et toute la journée du 28, les Chinois envoient, dans le cantonnement des Tonkinois et sur la citadelle, une grêle de balles. Leurs fusils de remparts tirent sans cesse avec une violente explosion et lancent des biscaïens de diverses grosseurs, dont la moyenne ressemble à un œuf de poule supposé rond, et qui, heureusement, n'atteignent personne.

Les tirailleurs tonkinois ont fabriqué un mannequin qu'ils ont affublé d'un vieux costume de tirailleur et placé en vedette sur le toit d'une pagode. Pour mieux tromper l'ennemi, de temps en temps, un *lintap* (soldat) va tirer un coup de fusil derrière lui.

Les Chinois ouvrent aussitôt un feu d'enfer sur le mannequin et le criblent de balles. Pour entretenir leur illusion, les Tonkinois s'amusent à faire dégringoler parfois le mannequin au moyen d'une corde, puis le relèvent, et le feu des Chinois recommence de plus belle.

Tireurs de position.

C'est une rouerie du pays, car les Chinois ont aussi leur mannequin dans un arbre et ce n'est qu'après l'avoir visé plusieurs fois que nous nous en apercevons. Ils s'enveloppent également dans des nattes pour ne pas être soupçonnés.

L'ennemi a reçu aujourd'hui des munitions et des vivres. Deux de ces chevaux, après avoir été déchargés, sont venus vers nous par le village. Quelques tirailleurs tonkinois, qui se sont approchés en rampant, en ont pris un et tué l'autre.

C'est une bien petite compensation pour les buffles et les diverses provisions que les Chinois ont pris aux malheureux villageois annamites, qui n'ont plus rien à manger et ne savent où s'abriter.

Dans la soirée a lieu l'enterrement du légionnaire Taube, décédé des suites de sa blessure. Le lieutenant de sa compagnie vient à l'ambulance pour lui dire *adieu*. La section du défunt, en armes, lui rend les honneurs.

Le cortège funèbre, le pasteur Boisset en tête, suit jusqu'à la porte les défilés, qui longent les murs de la citadelle, puis se cache encore autant que possible en dehors des remparts.

Le cimetière étant trop éloigné, la tombe a été creusée derrière la pagode du culte, maintenant en démolition. Après la cérémonie, les hommes reviennent promptement et prudemment en conservant les distances de 5 mètres entre chaque personne.

29 janvier. — La nuit dernière, surtout à partir de minuit, et aujourd'hui toute la journée, canonnade du camp ennemi.

Au matin le blockhaus agite un mouchoir blanc pour attirer notre attention. Pensant qu'il y a un blessé, on fait relever le poste, et le sergent André, de la légion, qui était de garde au blockhaus du 28 au 29, rend compte que les Chinois font des travaux de sape, probablement pour faire sauter ce réduit.

Les ennemis ont commencé, du côté opposé à la citadelle, un ouvrage en forme de V, défilé de tous les côtés où nous pourrions l'atteindre et qui n'est plus qu'à une centaine de mètres du blockhaus. Ils briseront probablement leurs lignes de façon à entourer celui-ci en arrivant dessus.

Un sapeur du génie, nommé Edme est envoyé au poste du blockhaus. A midi, le sergent Dumont, qui a pris le matin la garde du blockhaus, fait connaître que le travail de sape continue.

A deux heures de l'après-midi, ce sous-officier tente une sortie contre la tête de sape; mais les hommes qu'il envoie sont accueillis par un feu assez nourri partant d'une parallèle que les Chinois ont eu soin d'établir perpendiculairement au cheminement, à 200 mètres du blockhaus; la petite troupe de sortie rentre dans l'ouvrage.

A quatre heures du soir, le capitaine Cattelin, de la légion étrangère, est envoyé au blockhaus pour reconnaître l'état d'avancement des travaux de l'adversaire, il constate que la tête de sape est à moins de 100 mètres de l'ouvrage.

Dans ces conditions, le blockhaus peut encore tenir toute la nuit et peut-être une partie de la journée du lendemain. Il importe de retarder le plus possible son évacuation, car les travaux de défilement de la citadelle ne sont pas encore terminés. Le bombardement continue.

30 janvier. — La nuit dernière, des coups de fusil de rempart se font entendre vers minuit. A une heure du matin une fusillade nourrie est dirigée sur le blockhaus. Les Chinois poussent des cris féroces, et par trois fois se jettent sur cet ouvrage.

Le blockhaus les reçoit par plusieurs feux de salve que le capitaine adjudant-major fait répéter par les sections de garde à la citadelle, en sorte que l'ennemi, pris sur trois faces entre deux feux, juge prudent de se retirer.

Dans un de ces assauts, le légionnaire Claës est blessé à la tête.

Au point du jour, le blockhaus fait les signaux conventionnels de détresse. Le sergent Bobillot, chef du service du génie, s'y rend aussitôt.

A son retour, il fait connaître que le cheminement de l'adversaire est parvenu au pied même du mamelon du blockhaus, que les travaux avancent très vite sans qu'on puisse les arrêter à cause des positions, et que dans sept ou huit heures la tête de sape sera arrivée sur la ligne de communication du blockhaus à la citadelle.

Le fortin est condamné. Afin que le blockhaus puisse être évacué sans combat, ordre est donné au poste de cet ouvrage de rentrer à la citadelle à dix heures ; en même temps une corvée armée va chercher les munitions.

Ce premier mouvement s'exécute à l'heure prescrite ; sur le mamelon de la citadelle, toute l'artillerie et un groupe de tireurs de position se tiennent prêts, en cas de besoin, à protéger le retour du poste à la citadelle, et ensuite à profiter du moment où l'adversaire pénétrera dans le blockhaus pour le couvrir de feux.

Un quart d'heure environ après l'évacuation de l'ouvrage, quelques Chinois se montrent, portant à l'épaule des drapeaux qu'ils se proposent, sans doute, d'arborer sur cette position ; l'un d'eux, s'enhardissant et n'entendant plus de bruit, vient regarder par un des créneaux, et entre ensuite dans le blockhaus, suivi bientôt de plusieurs autres réguliers.

Un obus de 80 millimètres est alors lancé sur l'ouvrage, dont il traverse le premier mur et où il éclate en faisant voler un nuage de gravier.

Les Chinois qui ont pénétré dans cet ouvrage ne reparaissent pas ; ils ont dû être atteints par les éclats du projectile. De toute la journée aucun Chinois n'ose entrer dans ce lieu dangereux.

Dans leurs parallèles et des mamelons qui jalonnent le chemin sud de Yen, les Chinois ouvrent alors sur la citadelle un feu excessivement vif, qui dure de dix heures et demie du matin à quatre heures du soir.

On peut estimer sans exagération à plus de 30,000 le nombre de cartouches qu'ils ont brûlées dans cette journée. De notre côté les tireurs de position seuls répondent; une pièce de 4 et une de 80 placent aussi plusieurs coups heureux sur les colonnes de renforts qui arrivent, au son de la corne, de Yla et de Don-Yen, dans le camp des Chinois; on aperçoit des convois de blessés ou de morts qui regagnent ces villages.

Nous croyons avoir atteint une centaine d'individus. De notre côté, malgré la pluie de plomb qui tombe sur la citadelle, nous n'avons qu'un artilleur, le nommé Forat, légèrement blessé à la joue.

Malheureusement, dans la matinée, deux légionnaires sont blessés pendant le travail, les nommés Francey et Solberstein.

Dans la soirée même, le légionnaire Francey meurt des suites de sa blessure. Nos pertes de la journée s'élèvent donc de un tué et trois blessés.

Plusieurs Annamites prennent la fuite avec les buffles qui leur restent, ce qui fait supposer que les Chinois ont répandu le bruit de leur triomphe certain.

31 janvier. — Malgré le bombardement incessant, on travaille toute la nuit aux travaux de défilement, qu'on est obligé de suspendre en partie pendant le jour, à cause de l'intensité du feu de l'ennemi.

Le lendemain, au jour, le feu des Chinois devient lent et irrégulier; ils s'occupent de leurs travaux. On constate qu'ils ont établi une tranchée sur le mamelon du blockhaus.

Cette tranchée est reliée à la grande pagode par une autre, commencée la veille, et qui forme un deuxième cheminement sur le blockhaus.

Le commandant Dominé fait tirer quelques obus sur ces ouvrages, situés à environ 500 mètres de la citadelle. Les Chinois ont pris possession de tous les mamelons qui nous environnent, et quelques-uns ont passé sur la rive opposée de la rivière Claire.

Dans la journée, vers deux heures, un biscaïen traverse la porte de la cagna du pasteur Boisset et brise plusieurs briques contre son lit de camp.

Heureusement, cet aumônier est sorti en ce moment pour assister à l'enterrement du légionnaire Francey, qui est inhumé dans la demi-lune à droite de la porte de la citadelle. Là, l'ennemi ne peut voir le cortège funèbre, qui arrive en cet endroit en se défilant dans les fossés qui longent les remparts.

Dans la nuit du 30 au 31, à huit heures du soir, 250 Chinois environ viennent en avant-garde dans le ravin de la citadelle afin d'attaquer le cantonnement des tirailleurs tonkinois.

Ce cantonnement qui forme un petit fort tout criblé de balles, est situé en dehors des remparts, le long de la rivière Claire.

Les factionnaires donnent l'alarme. Les tirailleurs courent aux armes et font plusieurs feux de salve. A 50 mètres des palissades, deux Chinois tombent sur la route : les autres prennent la fuite, abandonnant, contre leur habitude, les cadavres de leurs camarades ainsi que deux échelles en bambou.

Au jour, quelques tirailleurs vont chercher les échelles, mais n'osent avancer jusqu'au cadavre d'un de ces Chinois étendu plus loin. Quant à l'autre mort, il a dû être enlevé pendant la nuit par les siens.

Voyant cela, un caporal indigène des tirailleurs tonkinois, du nom de Gia, sort seul avec son fusil, et va tranquillement dépouiller le corps du Chinois, s'occupant peu de la grêle de balles que font pleuvoir autour de lui les défenseurs des tranchées ennemies ; il déshabille le mort, lui enlève ses armes, lui coupe sa tresse de cheveux et rentre tranquillement au cantonnement.

Ses camarades indigènes, les Tonkinois, sont émerveillés de tant d'audace et de sang-froid, un tel exemple est bien fait pour aguerrir nos auxiliaires. Comme ce caporal est très estimé de ses chefs et très aimé de ses camarades, il est vivement félicité par les uns et les autres.

4.

Ajoutons, du reste, que tous ces tirailleurs tonkinois se battent admirablement pendant toute la durée du siège. Dès qu'ils se sentent soutenus, ils font preuve d'une intrépidité extraordinaire ; ils ne craignent pas la mort, mais comme tous les bouddhistes, ils redoutent de tomber morts ou vivants entre les mains des Chinois, qui décapitent les cadavres.

1ᵉʳ février. — Pendant la nuit dernière, bombardement des Chinois pour détourner notre attention, pendant qu'ils continuent leurs retranchements. De notre côté, le travail est repris le 31 au soir, à la tombée de la nuit.

Au matin, on constate que les Chinois n'ont pas mis moins d'activité que nous dans leur travail. Ils ont poussé leurs tranchées jusqu'à 250 mètres du mirador sud.

Pavillon noir.

Les brèches de notre ancien blockhaus sont rebouchées et deux pavillons noirs flottent sur ce fortin.

Notre artillerie lui dira un mot dès qu'elle le saura sérieusement réoccupé.

L'ennemi arbore dix drapeaux de diverses couleurs tout près de nos remparts, et à partir de huit heures du matin, la citadelle est en butte à un feu concentrique, qui dure toute la journée avec une grande intensité, particulièrement de la ligne de mamelons situés sur la face ouest, sur lesquels les Chinois ont élevé des retranchements crénelés.

De la pagode du mamelon déboisé, ils tirent sur la face nord, et de la rive gauche du fleuve, ils battent la porte d'entrée de la citadelle et la *Mitrailleuse*. Les tireurs de la rive gauche sont détachés des postes qui sont établis sur cette rive en aval de la place, depuis le 28 janvier.

Les balles pleuvent comme grêle dans l'intérieur de la citadelle, surtout autour de l'ambulance et obligent ceux des malades et des blessés qui ont l'habitude de se promener, à ne pas sortir. Dans la journée nous avons un tirailleur tonkinois blessé.

2 février. — Les Chinois continuent leurs travaux et leur bombardement toute la nuit et toute la journée ; dans cette même nuit, ils envoient contre les tirailleurs tonkinois un groupe qui laisse un mort et un blessé sur le terrain.

Continuation du bombardement. Les officiers de la 2ᵉ compagnie dé la légion sont forcés d'évacuer leur baraque, criblée par les projectiles de l'ennemi, le nombre des cartouches tirées par les Chinois, dans une période de vingt-quatre heures, peut être estimé à 8,000; celui des projectiles de fusils de rempart, à 300.

Nos tireurs de position brûlent par jour environ 1,000 cartouches; ils mettent journellement en moyenne 10 hommes hors de combat; les effets de l'artillerie contre les ouvrages qu'élève l'adversaire sont presque nuls; aussi le tir de l'artillerie, d'une manière générale, n'est employé que contre les groupes qui se présentent à portée; quelquefois, cependant, il est employé contre les batteries de l'adversaire, lorsqu'il devient nécessaire de faire taire son feu pour protéger l'exécution d'un travail.

Le cheminement des Chinois s'avance rapidement; le 2, au matin, il atteint l'éperon en avant de la porte sud. Une parallèle est établie par eux sur la ligne du mamelon, situé à 50 ou 100 mètres de la face ouest de la citadelle.

Tirailleur tonkinois.

Tranchée du saillant nord-ouest.

CHAPITRE VI

BOMBARDEMENT ET TRAVAUX DE MINES

Signaux avec des lanternes. — Mort du tonkinois Gia. — Ses funérailles. — Combats de nuits. — Attaque de la haie de bambous
et de la muraille de la citadelle. — Destruction des traverses
chinoises. — Construction de machicoulis mobiles pour nos factionnaires. — Drapeau pêché. — Ouverture d'une batterie chinoise. — Sommations rejetées. — Bombardement du mamelon.
— Travaux de mines et contre-mines. — Belle conduite des sa-

peurs du génie. — Ordres donnés en cas d'explosions. — Attaque du saillant nord-ouest. — Combat de mine. — Inondation de la galerie chinoise.

On prétend que Luh-Vinh-Phuoc est à Yuoc. Quoi qu'il en soit, on voit le soir des lanternes échelonnées sur le bord de la rivière Claire qui servent à faire des signaux dans cette direction.

Dans la journée, le caporal Gia, des tirailleurs tonkinois, a la tête traversée par une balle alors qu'il regarde par un créneau. Transporté en râlant à l'ambulance, il y meurt le soir même.

Ce brave soldat venait pour sa bonne conduite et son acte de courage du 31 janvier, d'être l'objet d'une proposition pour la médaille militaire. En dépit des difficultés occasionnées par l'ensevelissement, les Tonkinois lui font de splendides funérailles : sa tombe est couverte de fleurs, de feuillages, et, pour honorer sa mémoire, nos officiers accompagnent à sa dernière demeure le caporal annamite, mort au champ d'honneur.

3 février. — Dans la nuit du 2 au 3, à trois heures un quart, les Chinois ouvrent un feu général de leurs lignes de tranchées ; ils font quelques pas en dehors de leur abri pour marcher contre les Tonkinois, et contre les faces sud et ouest de la citadelle ; mais le feu de la garde et du piquet qui couchent sur les remparts, les fait immédiatement rentrer dans la tranchée. A quatre heures, tout est fini.

Continuation du bombardement. Vers dix heures du matin, le tirailleur tonkinois Phan-Dang-Chinh est atteint mortellement.

Il est très difficile dans la journée de marcher dans les tranchées à cause de la boue produite par la pluie fine qui est tombée par intervalles.

On affirme, qu'un Annamite, en se cachant dans les bois, a réussi à porter à Phu-Duong la nouvelle du siège de Tuyen-Quan. Le cas échéant, l'état-major général à Hanoï doit en être informé aujourd'hui.

Toutefois, on croit que les opérations de Lang-Son mettront le général commandant en chef dans l'impossibilité d'envoyer immédiatement ici une colonne.

4 février. — La nuit dernière a été plus calme que les précédentes. Les Chinois ont très peu tiré ; ils doivent être, comme nous, très fatigués à la suite de leurs travaux.

Dans la journée le bombardement reprend avec l'intensité habituelle ; cependant le tir des fusils de rempart est moins nourri ; quelques-uns de ceux-ci lancent des projectiles cylindriques.

Pendant la nuit de 3 au 4 les Chinois ont amélioré leurs travaux, qui avancent jusqu'à 30 mètres de la citadelle.

Nos tireurs de position les atteignent difficilement, car ils travaillent à couvert. Toutefois, ils en pourront déboucher de ces boyaux que l'un après l'autre, et la garde seule pourra les arrêter un peu au commencement. Ils ont fait sur leur ligne de tranchées en avant de la face ouest un amas considérable de fascines et de bottes de paille. Ils semblent avoir abandonné leur première idée d'attaquer par la face sud et chercher à envelopper les saillants sud-ouest et nord-ouest ainsi que la demi-lune ouest.

5 février.—Dans la nuit du 4 au 5, un groupe de Chinois s'avance encore du côté des tirailleurs tonkinois ; il est repoussé et laisse un cadavre sur e terrain. Dans cette nuit, les Chinois lancent une tranchée jusqu'au saillant sud-ouest de la travée, c'est-à-dire jusqu'à 25 mètres du saillant sud-ouest de la citadelle.

Dans la journée du 5, les tireurs de position mettent hors du combat dix-huit Chinois que l'on voit enlever.

Comme d'habitude, le bombardement dure nuit et jour. Le nombre des Chinois de la rive gauche augmente. Leur tir est très gênant pour les tirailleurs tonkinois et pour la *Mitrailleuse*.

Dans le courant de la journée, deux légionnaires sont blessés légèrement sur le rempart où ils sont en faction, les nommés Simon, de la 1re compagnie, et Sylvestre, de la 2e compagnie.

Les tirailleurs tonkinois rapportent qu'un Chinois s'est approché de leur cantonnement en disant : — Combien êtes-vous donc pour ne pas évacuer ?

Cette question, si elle est exacte, laisse supposer qu'ils croient nous avoir fait beaucoup du mal.

Le total de nos pertes, heureusement, depuis le commencement du siège, ne s'élève qu'à quatre morts et environ quinze blessés. Aussi prend-on mille précautions. On ne reconnaît plus la citadelle, tellement elle a été bouleversée.

6 février — Dans la soirée du 5, à la tombée de la nuit, les Chinois viennent faire un trou en terre contre notre haie de bambous, c'est-à-dire à 30 mètres du mur de la citadelle ; ce trou correspond à peu près au milieu de la demi-face sud de la face ouest.

L'obscurité empêche de distinguer les travailleurs et le genre de travail qui est fait ; on tire cependant du mur, mais sans résultat appréciable.

L'adversaire, profitant de l'épaisseur de la nuit, arrive à toucher nos murs et essaye de percer un trou sous l'un des saillants et sous l'une des portes ; il parvient même à apposer des madriers contre la muraille de manière à former une sorte de toit.

Lorsque la lune se lève, on aperçoit ce travail, qui est détruit au moyen d'un long crochet par le sergent du génie.

Au point du jour, on remarque que, du trou

creusé, l'adversaire a cheminé le long de la haie vers le sud sur une longueur de 25 mètres, et que là, il a percé, comme au premier point, la haie de bambous.

Dans la journée le génie rebouche les deux trous pratiqués dans le mur.

Pour empêcher toute nouvelle tentative directe de l'adversaire contre la muraille, le nombre des sentinelles de demi-faces est augmenté d'une (soit au total quatre sentinelles se partageant la surveillance sur un front de 150 mètres).

Chacune de ces sentinelles est munie d'un mâchicoulis mobile qu'elle doit placer sur le mur au-dessus du point où l'ennemi tenterait de venir travailler, de manière à pouvoir tirer à l'abri sur les travailleurs. En outre, des petites fascines imprégnées d'alcool sont préparées pour éclairer le pied du mur.

Dans la matinée du 6, l'adversaire, partant du trou signalé plus haut, chemine perpendiculairement sur le mur en se couvrant en tête par un masque de fascines qu'il fait avancer au fur et à mesure de son travail. Il arrive ainsi jusqu'à égal distance de la haie de bambous et du mur.

Là, il plante un drapeau.

Voulant s'emparer de ce trophée, le lieutenant Gœury, de la 1re compagnie de la légion, imagine de faire organiser une immense perche avec des bambous et des cordes. A l'extrémité de cette perche se trouve un nœud coulant.

Vers six heures du soir, le caporal Kramer et plusieurs légionnaires de cette compagnie manœuvrant cette perche, posent délicatement le nœud coulant sur le drapeau planté dans le sol et le tirent à eux en dedans des remparts.

Blessés transportés à l'ambulance.

L'ennemi s'aperçoit de cet enlèvement; deux Chinois sortent du retranchement et s'accrochent à la hampe de l'étendard pour le retenir, pendant que leurs camarades tirent sur les créneaux; mais quelques tireurs, embusqués dans le mirador, abattent aussitôt les deux ennemis, et le drapeau disparaît par-dessus la muraille aux applaudissements de nos soldats.

Dans l'après-midi, l'adversaire établit une batterie de quatre fusils de rempart sur la rive gauche, au sommet du piton qui domine la pagode blanche, à 1,400 mètres de la citadelle. Le tir de ces fusils ne produit aucun effet, les coups étant tous trop courts.

Le bombardement de la citadelle continue; il est particulièrement vif de huit heures à dix heures du matin et de quatre heures à six heures du soir.

Nos tireurs de position tirent toujours avec le même succès, mais les Chinois, qui se découvrent, deviennent de plus en plus rares. Notre artillerie a l'occasion de placer quelques bons coups de hotchkiss contre des groupes de travailleurs.

Dans cette journée trois légionnaires sont blessés: Sylvestre, Popp et Geber.

7 février. — Dans la soirée du 7, les mâchicoulis mobiles sont installés et le pied du mur éclairé toutes les demi-heures, sur la face ouest.

On ne constate durant cette nuit aucune tentative directe de l'adversaire contre la muraille, bien qu'à différentes reprises des coups de feu et des cris retentissent dans le camp ennemi. On entend même une personne parlant français nous crier des insultes grossières.

Au point du jour, on constate que l'ennemi a complété et amélioré ses communications.

En arrière du mamelon de la compagnie chinoise, il a élevé une batterie de fusils et de canons de rempart.

Dans la matinée, la batterie de fusils de rempart qui, la veille, était placée sur le piton de la rive gauche, descend au pied de cette hauteur ; de sa nouvelle position, elle ne produit pas plus d'effet, que de l'ancienne : elle est d'ailleurs contre-battue par les hotchkiss de la *Mitrailleuse.*

A midi, les Chinois démasquent sur le mamelon du blockhaus une batterie composée de deux canons de rempart, d'une vieille pièce d'assez fort calibre et d'une pièce de 4, qui lance notre obus ordinaire et notre obus à balles.

Notre 80 milimètres et les tireurs de position font taire la pièce de 4, qui est d'ailleurs mal installée dans une embrasure trop ouverte et dont tous les projectiles éclatent en l'air.

Nous continuons les travaux de défilement qui ont été commencés la veille. Le travail se poursuit jour et nuit, le nombre des travailleurs étant basé sur celui des outils, qui ne restent jamais un moment inactifs.

Dans cette journée, un légionnaire, le nommé Führmann, est tué sur le mamelon.

Dans la soirée, le sergent Dumont apporte au commandant Dominé quatre piquets de bambou, contenant chacun une lettre de l'adversaire. Le commandant, sans les ouvrir, les fait jeter dédaigneusement, par-dessus le rempart, dans le ravin d'où on les a lancées.

8 février. — Au point du jour on constate que l'adversaire a exécuté un deuxième cheminement perpendiculaire au mur et à 15 mètres d'éloignement du premier.

Dans l'après-midi, on s'aperçoit qu'il se forme un amas de terre, s'accroissant peu à peu, aux extrémités des deux cheminements; il y a tout lieu de penser que l'adversaire chemine alors en galerie souterraine vers le mur.

A partir de ce moment, le sergent du génie Bobillot fait écouter constamment pour déterminer la direction que suivent le deux galeries.

Pendant la nuit, l'adversaire a construit une sorte de casemate pour sa pièce de 4; à dix heures et demie du matin, il lance deux obus à balles, dont l'un va éclater au-delà du fleuve, mais dont le second enlève une partie de la toiture de la pagode occupée par l'interprète sur le mamelon.

Au moment du déjeuner de l'état-major, un biscaïen perce le toit juste au-dessus de la table et envoie de la terre ainsi que de petits morceaux de briques dans les assiettes.

Notre pièce de 80 millimètres est impuissante à détruire la casemate, mais comme celle-ci est très large, les tireurs de position empêchent les artilleurs ennemis de remettre la pièce en batterie.

A la nuit tombante, cependant, les Chinois envoient encore un obus de 4 qui n'éclate pas et qui va tomber au-delà de la citadelle.

Dans cette journée nous avons encore deux bles-

-sés, les nommés Devogel et le sergent Dordaki, de la légion.

9 février. — Dans la nuit du 8 au 9, les Chinois organisent une large place d'armes au point où le boyau qui va au saillant sud-ouest de la haie se détache de la parallèle ; ils élargissent également ce boyau ; de plus, ils ont amorcé un deuxième boyau en zigzag menant de la place d'armes en question à la deuxième galerie souterraine.

Le sergent du génie Bobillot a reconnu le point vers lequel se dirige la deuxième galerie souterraine, qui est plus avancée que la première ; au point du jour, il fait commencer deux contre-galeries, de manière à entraver le point où aboutira le travail du mineur adverse ; ces contre-galeries, ont pour but de servir d'évents à la mine, de réduire considérablement son action ; le soir, les contre-galeries sont presque arrivées, en descendant de 55 centimètres par mètre, jusqu'au mur.

Dans ce siège la conduite de nos sapeurs du génie est admirable. Ils sont seulement une poignée, huit hommes apartenant à la 2ᵉ compagnie du 3ᵉ bataillon du 4ᵉ régiment du génie. Ce sont : le sergent Bobillot, le caporal Cacheux, les sapeurs Raymond, Edme, Couzir, Dominique, Védème et Blanc.

Avec un outillage presque nul, le sergent Bobillot

a fait exécuter un ouvrage de campagne à 400 mètres de la place, a fait confectionner plus de six mille gabions pour paradosser les faces enfilées et prises à revers et a construit un retranchement.

La place n'a pas de poudre de mine ; on n'hésite pas cependant à se porter à la rencontre des mineurs chinois, et on prépare des gargousses d'artillerie pour leur donner un camouflet.

Le 9 février, vers quatre heures de l'après-midi, on entend le travail d'un second mineur dans la première galerie souterraine ; le sergent du génie estime qu'il est encore à sept ou huit mètres du mur.

On entend également tout le jour un bruit de pioche en arrière du mamelon du saillant nord-ouest.

10 février. — Pendant la nuit, on n'a tiré, comme d'habitude, que des coups de fusil toutes les deux ou trois minutes.

Le mineur ennemi de la galerie de droite gagne du terrain. Au point du jour on commence deux contre-mines pour aller à lui.

Ce moyen est le seul, que nous puissions essayer contre lui ; dans les conditions où nous nous trouvons, une sortie ne pourrait réussir ; en effet, l'ennemi a construit des abris pour tireurs, et ces abris sont protégées par notre haie de bambous elle-même.

Pour aller à lui, nous n'avons qu'une porte de sortie, et il faudrait défiler, à l'aller comme au retour, sous le feu de ces retranchements suivant qu'on irait à lui par un côté où par l'autre.

Dans la journée, le bombardement continue ; il est particulièrement vif vers midi et nous recevons une quinzaine de bombes explosibles, des obus à balles et des fusées qui sont plutôt un projectile qu'un agent incendiaire. Plusieurs de ces projectiles éclatent dans la citadelle. La *congay* (femme) de l'interprète est blessée.

Les ordres donnés la veille pour le cas d'explosion d'une mine sont maintenus ; il est recommandé à l'artillerie du mamelon de tirer sur les groupes et de dédaigner de répondre pendant l'assaut au tir de l'artillerie ennemie.

Le génie reçoit l'ordre d'accumuler gabions, sacs à terre, branches d'arbres ou bambous auprès des points sur lesquels l'adversaire dirige ses deux galeries souterraines.

Le moment où les réserves générales devront s'élancer pour couronner les brèches sera celui où les Chinois eux-mêmes se porteront à l'assaut ; le moment sera indiqué par la sonnerie de la charge.

Les travaux, exécutés par nous dans la nuit du 9 au 10 et dans la journée du 10, sont banquette et revêtement en clayonnage de la traverse de la

2ᵉ compagnie, amélioration des défilements du mamelon.

La traverse intérieure de la 2ᵉ compagnie est aménagée définitivement ; il y a lieu de se préoccuper du cas où l'adversaire ferait sauter par la mine 100 à 150 mètres de la muraille ; il serait alors, avec l'effectif disponible, impossible de garnir la brèche.

En vue de cette éventualité, la traverse formerait une partie du retranchement intérieur, par lequel le commandant Dominé prend le parti de couper en deux la citadelle.

Depuis quelques jours déjà, devant la nécessité où nous pouvons nous trouver d'avoir à défendre la place pied à pied, un mois de vivres de toute espèce sont montés au mamelon pendant la nuit par les coolies.

11 février. — Dans la nuit du 10 au 11, quelques Chinois se glissent jusqu'au pied du mur du saillant nord-ouest et cherchent au moyen de grappins, à renverser les gabions et les planches qui surélèvent le parapet de ce saillant, et qui y forment un masque contre les coups pouvant venir du petit mamelon. En repoussant cette tentative, le lieutenant Gœury et le légionnaire Alberti sont légèrement blessés.

L'ennemi continue ses travaux de mine. A huit heures et demie du matin il travaillait dans la

galerie n° 2, en même temps que nous dans la galerie correspondante ; le légionnaire Maury donne à
ce moment un coup de pioche qui crève la paroi qui
le sépare du mineur ennemi ; celui-ci, qui est sur
ses gardes, fait une décharge de revolver et blesse
Maury au pied.

Combat entre mineurs français et chinois.

Le trou est bouché au moyen de sacs à terre et
une petite palissade est faite pour reconstituer un
obstacle.

En même temps, le sergent du génie Bobillot
cherche à inonder la galerie de l'adversaire, qui
est au-dessous de la nôtre et qui a été creusée en
s'approfondissant.

Ce procédé semble réussir ; car, en jetant de la
terre dans la partie en sape découverte, on entend
un clapotis d'eau. Cependant quelques moments
après on entend travailler de nouveau en face de
la contre-galerie de gauche.

Continuation du bombardement. — Un des obus lancés aujourd'hui par l'ennemi vient éclater dans la *cagna* du commandant Dominé, au moment où, heureusement, celui-ci est sorti.

Les fusées passent toutes par-dessus la citadelle. Il n'en est pas de même des balles : le légionnaire Pasche est atteint au pied par un coup de feu.

Continuation des travaux de la veille. Ordre est donné de faire des sacs à terre avec les toiles de tentes que la légion a en magasin.

Il est arrivé la nuit dernière un Annamite qui prétend venir de Sontay. Il annonce à l'interprète que Lang-Son est à nous depuis quatorze jours et qu'il y a actuellement 3,000 soldats français à Sontay. Le commandant le met à la porte sans l'interroger, car cet indigène ne possède aucun mandat écrit. Qui sait même si ce n'est pas un espion ?

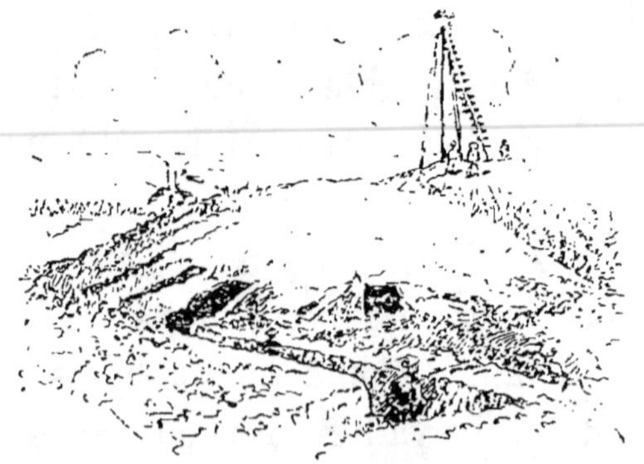

Batterie chinoise casematée.

La première explosion (12 février).

CHAPITRE VII

LES DEUX PREMIERS ASSAUTS

La première explosion. — Assaut repoussé. — Nouvelles mines ennemies. — Deuxième explosion. — Aux armes ! — La charge. — Prise d'un drapeau. — Les fusées incendiaires. — Construction d'un retranchement rapide. — Nos pertes. — Acte de courage du caporal Beulin. — Les fêtes du nouvel an chinois. — Alertes de nuit. — Sortie des tirailleurs tonkinois. — Sortie sur les tranchées chinoises. — Mort du sergent Beulin. — Bombardement du mamelon. — Mort du capitaine Dia et de l'interprète. — Blessure du sergent Bobillot. — Sa mort.

12 février. — Ce matin, à cinq heures et demie, un peu avant le réveil, une forte détonation, suivie d'une fusillade très nourrie, ébranle les remparts.

Toute la garnison prend les armes pour se rendre aux postes de combat ; les Chinois, rassemblés dans la grande place d'armes, vis-à-vis la face ouest, poussent de grands cris et se portent vers le lieu de l'explosion.

C'est la mine de la galerie n° 2 qui vient de sauter ; mais, grâce aux contre-galeries qui forment évents, la mine a soulevé une masse de terre et fait affaisser un peu le mur, qui n'a été que crevé, mais il n'y a pas de brèche praticable.

Les Chinois, qui marchent en tête de la colonne d'assaut, sont pris de front par la colonne de réserve générale, qui s'est portée au lieu de l'explosion, et de flanc par les fusils et les hotchkiss de la demi-lune ouest.

Une trentaine sont tués sur place, les survivants rentrent précipitamment dans la communication défilée et l'action se continue par un tir rapide et précipité, que les Chinois exécutent de leur parallèle la plus avancée et par le tir de leur artillerie placée au mamelon du blockhaus.

Dans la matinée le mur s'affaissant, on relie les deux extrémités de la partie restée solide au moyen d'une palanque.

Vers huit heures du matin, on s'aperçoit que l'ennemi a cheminé souterrainement vers le saillant sud-ouest et qu'il est déjà presque au mur.

Une contre-galerie est immédiatement commencée, mais il est à craindre qu'on n'arrive trop tard.

Le soir, les ordres des jours précédents sont maintenus pour le cas où l'ennemi ferait sauter pendant la nuit la mine de la galerie nº 1 et celle du saillant.

En même temps qu'à cinq heures et demie du matin l'ennemi tentait l'assaut de la citadelle, il faisait une attaque de vive force contre les tirailleurs tonkinois ; cette attaque a été repoussée comme l'autre.

Trois légionnaires blessés dans cette journée : Stutter, Nœrden et Rœssle.

13 février. — La nuit du 12 au 13, nos travailleurs étaient occupés à creuser la contre-galerie du saillant et les deux contre-galeries correspondant à la galerie nº 1. A 3 heures 15 du matin une explosion sourde ébranle la citadelle ; le cri : « Aux armes ! » est répété, et chacun se tient prêt à exécuter les ordres donnés la veille.

C'est le saillant sud-ouest qui vient de sauter ; le mur d'escarpe, renversé sur une longueur de 15 mètres, est tombé dans le fossé et le parapet en terre est détruit ; la brèche existe, mais elle présente à son centre un entonnoir qui la rend difficilement praticable.

Le rempart sud est éclairé par nos feux et par

ceux de l'ennemi. Les balles sifflent d'une façon extraordinaire ; le canon tonne ; les fusées incendiaires sillonnent l'espace. On entend alors les Chinois pousser de grands cris de victoire à proximité de la brèche.

Le capitaine Moulinay, de la 2° compagnie, fait alors sonner la charge et conduit à la brèche sa section de réserve générale.

Aux armes !

Le mouvement des Chinois est arrêté aussitôt ; le porte-drapeau, qui marchait en tête, tombe sur la brèche, et les autres rentrent dans la place d'armes défilée. A deux reprises, ils tentent encore d'atteindre la brèche, mais ces deux tentatives sont repoussées comme la première.

L'obscurité est complète ; les travailleurs (1re

section) arrivent avec les outils et un retranchement rapide est exécuté immédiatement un peu en
arrière du bord de l'entonnoir.

L'action est continuée pendant le reste de la nuit
par un feu très intense de nos adversaires ; de notre
côté, nous tirons très peu ; au point du jour, l'artillerie envoie quelques coups de hotchkiss et de
80 millimètres sur des groupes qu'elle aperçoit.

A six heures et demie, le feu de l'ennemi se
calme et le service habituel est repris.

Les pertes de la journée sont toutes subies par la
légion ; elles sont de 5 hommes tués, les nommés
Acker, Alberts, Hoffmann, Waisemann et Schelbaum, et 6 blessés.

Le cadavre du soldat Schelbaum avait été lancé
par l'explosion de la mine jusqu'à quelques pas des
retranchements chinois.

Il nous aurait coûté de voir ce mort, que nos
feux de rempart leur avaient caché pendant le jour,
tomber entre les mains des ennemis, qui ne man-
queraient pas, selon leurs ignobles habitudes, de lui
faire subir les plus cruels outrages.

A la tombée de la nuit, le caporal Beulin, de la
2e compagnie, avec trois hommes de bonne volonté,
les légionnaires Bailinger, Hindinschitt et Steimann,
va chercher le cadavre.

Pour cet acte de courage, le caporal Beulin est
nommé sergent et les trois hommes qui l'ont accom-

pagné sont nommés de première classe. Ils sont cités tous quatre à l'ordre de la place.

14 février. — Dans la nuit du 13 au 14, de huit heures et demie du soir à trois heures du matin, les Chinois ne cessent de tirer des feux de salve sur la face est de la citadelle ; on estime à 3,000 le nombre des cartouches qu'ils ont pu brûler.

Par moments ils mêlent leurs cris aux sons de leurs cornes et trompettes, et on distingue très bien la voix de leurs chefs ajouter avec plus de force que les autres : *Mao* (vite)! *Maolen* (très vite)!

Nos soldats, dont divers pelotons, alternativement, couchent toujours sur les remparts, sont aux postes de combat, mais ne tirent pas beaucoup.

Nous traversons les fêtes du nouvel an des Chinois et ils veulent, le jour principal, déjeuner dans la citadelle. Mais nous les attendons avec courage et avec confiance en nos armes.

Au matin, on s'aperçoit qu'ils ont nivelé l'amas de terre tombé au pied du parapet par suite de l'explosion de la mine du saillant ; ils ont apporté également une grande quantité de branches d'arbres au point où son cheminement perce la haie de bambous.

Dans la journée, nous avons un légionnaire tué et trois autres blessés ; parmi ces derniers, le caporal Galemberti.

Les travaux exécutés sont : aux tirailleurs ton-

kinois, des chemins couverts ; à la citadelle, continuation du retranchement de la brèche sud-ouest et
de la tranchée qui relie la grande rampe à la traverse de la 2ᵉ compagnie.

A la tombée de la nuit, une section de 30 tirailleurs tonkinois, sous les ordres du lieutenant Goullet,
profitant de l'état d'ivresse probable dans laquelle
sont les Chinois un jour de fête, fait une sortie.

Cette petite troupe pénètre audacieusement jusqu'au dernier retranchement que l'ennemi construit
en arrière du mamelon de la pagode de la compagnie chinoise, tue sur place deux des Chinois
qui la défendent, disperse les autres en leur faisant
subir des pertes et enlève sept des vingt drapeaux
qui flottent depuis plusieurs jours à 80 mètres environ de son cantonnement.

Le commandant Dominé cite à l'ordre de la place
cette troupe courageuse et les excellents officiers
qui ont su la former ainsi.

15 février. — Dans la nuit, l'adversaire élève
un blockhaus en palanques en face de la brèche du
saillant : il apporte des palanques et des bottes de
paille en face de la demi-lune ouest, à une petite
distance de la haie de bambous.

Les Chinois couvrent la grande communication
qui mène au saillant sud-ouest de la haie de bambous.

Dans la matinée, on essaye de démolir, avec des

projectiles de 80 millimètres, un point de cette communication ; on tire cinq obus qui ne produisent aucun effet, quoique bien dirigés ; sur l'avis de l'officier commandant l'artillerie, l'expérience n'est pas poussée plus loin.

Vers midi, les Pavillons-Noirs, campés aux forts de la rive droite, viennent faire une démonstration contre les Tonkinois ; ils se retirent devant le feu des Tonkinois et devant celui de l'artillerie du mamelon et de la *Mitrailleuse*.

Dans la journée, on s'aperçoit que l'ennemi recommence à travailler à la galerie n° 1, celle où il n'y a pas eu d'explosion de mine ; une contre-galerie est ouverte sur la face ouest à 25 mètres au sud de la demi-lune ; cette contre-galerie a pour but d'arrêter un cheminement qui se faisait le long de notre mur intérieurement vers le versant de la demi-lune ouest.

16 février. — Dans la nuit du 14 au 15, les Chinois ont creusé un trou vis-à-vis le milieu de la demi-face reliant le saillant sud-ouest à la demi-lune sud. Ce trou est à 25 mètres environ de la haie de bambous ; il est relié à cette haie par un boyau de communication à peine commencé, et, au point où ce boyau rejoint la haie, un autre trou a été fait.

Ce travail n'est pas relié encore à l'ensemble des retranchements, et il se trouve isolé.

Pour profiter de cette circonstance, une petite sortie est organisée contre les défenseurs peu nombreux des deux trous en question; l'occasion est d'autant plus favorable, qu'il n'y a que peu de chemin à faire pour les attendre.

Le sergent Beulin, jaloux de donner le baptême du feu à ses nouveaux galons, se présente pour accomplir cette sortie avec vingt hommes de bonne volonté, divisés en trois groupes : le premier groupe se portera sur le trou le plus éloigné; le deuxième groupe, vers le trou de la haie; ils y arriveront en même temps, tueront à la baïonnette, si c'est possible, les Chinois, qui s'y trouvent et reviendront immédiatement par une ouverture que le troisième groupe aura faite dans la haie.

Le 16 février, ce détachement sort un peu avant le jour; le deuxième groupe se précipite sur le trou de la haie, surprend et tue les cinq mineurs chinois qui s'y trouvent et bouche le trou de la mine.

Malheureusement le premier groupe se trompe de direction : il arrive trop tard à l'autre trou dont les défenseurs, prévenus par le bruit de l'autre attaque, sont sur leurs gardes; ce défaut de simultanéité dans les deux attaques coûte 4 légionnaires tués et 1 blessé, atteints tous les cinq par le même fusil de rempart, tiré par le même Chinois et braqué au même créneau ; le détachement rentre sans plus tarder par l'ouverture pratiquée dans la haie et rapporte les morts et le blessé. Un groupe de la 2e compagnie protège l'opération du rempart ; le sergent Kiévet qui commande le groupe est atteint d'un biscaïen qui lui fracasse la cuisse.

Dans la journée du 16, 2 légionnaires sont blessés.

Construction du retranchement intérieur.

17 février. — La nuit dernière a été assez calme : les Chinois en ont profité pour accumuler des palanques au saillant sud-ouest. En arrière du petit fortin qu'ils y ont construit, ils élèvent une sorte d'abri casematé en bois, terre et bottes de paille ; le petit fortin en palanques semble être le point de départ d'une double galerie souterraine embrassant la brèche ; d'ailleurs, dans l'après-midi du 16, on a vu apporter des planches et des madriers, et, pendant la nuit, on a entendu, à côté du fortin, le bruit d'un travail sur de la planche; il y donc lieu de penser que les Chinois font un coffrage.

Pendant cette même nuit et pendant le jour, on entend encore la reprise du travail à la galerie n° 1 de la face ouest. Si l'on considère la distance qui sépare les deux mines extrêmes, on peut en conclure que l'intention de l'adversaire est de faire sauter 150 mètres de muraille.

C'est cette prévision qui a donné l'idée de continuer un retranchement intérieur. Le tracé de ce retranchement part de la demi-lune sud, qui sera comme une avancée (le sommet de la porte devant être organisé en blockhaus); il suit la grande traverse de la 2ᵉ compagnie, gagne par une rampe défilée un retranchement déjà construit à mi-côté du mamelon qui est également relié par une rampe défilée et aménagée défensivement à la demi-lune nord, que nous conservons dans le retranchement intérieur.

L'adversaire ayant repris le travail à la galerie n° 1 de la face ouest, il est devenu nécessaire pour nous d'élargir les deux contre-galeries qui ont été commencées en ce point et de les réunir entre elles afin d'obtenir une diminution dans les effets que produira l'explosion de la mine.

Des coolies sont employés à ce travail; dans la matinée les tireurs chinois établis au mamelon du saillant nord-ouest, tirent de leurs obus sur les travailleurs des contre-galeries.

L'artillerie du mamelon envoie quelques obus de 80 qui démolissent en partie l'abri et qui font taire leur feu.

Une heure après environ, vers neuf heures et demie, les Chinois démasquent au mamelon du blockhaus une batterie de deux pièces de 4, de trois obus de 12 et de deux mortiers de 22 centimètres, et commencent contre notre mamelon un bombardement qui se prolonge pendant plus de deux heures; toutes les habitations du mamelon sont traversées plusieurs fois et l'interprète est tué par un éclat d'obus.

Des effets produits par ce bombardement, il ressort clairement, étant donnée la position de la batterie ennemie, que le cantonnement seul de la 1re compagnie est encore habitable.

L'ambulance, l'artillerie et le génie qui sont allés s'y loger, n'ont donc pas à changer de place. Quant à la 2e compagnie, elle ne peut rester où elle est; comme ses postes de nuit rapprochés de la face ouest sont abrités par l'obstacle du parapet, ordre est donné à la 2e compagnie d'adopter pour le jour et la nuit les emplacements habituels de nuit.

Pour les artilleurs du mamelon, le poste et les officiers de l'état-major, des trous sont creusés dans la grande cour de la pagode. Les tirailleurs tonkinois exécutent également de profondes tranchées et profitent de la terre qui en provient pour renforcer leur parapet.

Dans la matinée, le capitaine Dia, commandant la compagnie des tirailleurs tonkinois, qui, d'un emplacement de sentinelle, reconnaît les travaux de l'ennemi, est tué d'une balle au front.

Le lieutenant Goullet prend le commandement des tirailleurs tonkinois; le sous-lieutenant Hérold, de la légion, est détaché le jour même aux tirailleurs tonkinois.

La France perd dans le capitaine Dia, un brave et vaillant défenseur, un officier énergique et dévoué. L'inhumation a lieu à cinq heures et demie du soir. Une députation de tous les corps et de toutes les compagnies est envoyée. Les officiers, à l'exception de ceux qui sont de garde, sont présents.

17 février. — Les Chinois ont accumulé les matériaux (palanques, bottes de paille) entre la haie de bambous en face la demi-lune; ils ont construit un petit fortin contre cette haie; il y a lieu de s'attendre encore à les voir diriger une galerie souterraine contre la demi-lune ouest.

Du côté des tirailleurs tonkinois les Chinois commencent à cheminer. Pendant la nuit on a très peu entendu de travail souterrain.

Grâce aux mesures de précaution prises, aucun homme n'est atteint; le matériel seul souffre; dans

la matinée un obus de 12 éclate au-dessus du grand
magasin; ses éclats défoncent un tonneau de vin
qui se vide complètement et percent deux autres
fûts dont le contenu va être distribué incessamment.

Parmi les éclats ramassés, l'un porte : *J. Wores,*
et l'autre : FRANCE. Seraient-ce bien là les projectiles et les pièces vendus par M. Dupuis au vice-
roi du Yun-Nam?

Un soldat est tué en faction.

Mort du sergent Bobillot.

A six heures et demie du matin, le sergent
Bobillot, chef du service du génie, est blessé grièvement en faisant une ronde sur la brèche et a
deux vertèbres cassées.

Ce brave sous-officier, qui a rendu les plus
grands services, est transporté à l'ambulance, où
le commandant Dominé vient le visiter.

Cet officier, qui lui a vu risquer vingt fois sa

vic, lui demande s'il préfère être nommé sous-lieutenant plutôt que d'être porté pour la croix. Bien qu'il ne soit pas riche, il aime mieux la croix, faisant passer l'honneur avant le grade ; mais, hélas ! le pauvre garçon ne peut jouir de cette distinction si bien gagnée ; quelques jours après la levée du siège de Tuyen-Quan, il meurt des suites de sa blessure à l'hôpital de Hanoï, où il a été transporté.

Jules Bobillot, né en 1860 à Paris, avait fait de brillantes études au lycée Charlemagne. Il se destinait d'abord à la littérature et était remarquablement doué. Il a écrit plusieurs romans et pièces de théâtre. A vingt ans il s'était engagé au 4e régiment du génie.

Dans la journée du 18, on achève de recouvrir avec des sacs de farine, de riz et de légumes toutes les barriques de tafia et de vin déposées dans le grand magasin du mamelon.

19 février. — Toute la nuit, l'ennemi fait une fusillade très nourrie, accompagnée de grands cris et de sons de corne et de trompette ; on entend très peu son travail souterrain.

Au point du jour, on s'aperçoit que les trous creusés en avant de la face sud ont été reliés par un boyau de communication à la grande tranchée couverte.

Continuation du bombardement, qui, jusqu'à présent, se fait assez régulièrement dans le milieu de la journée. L'artillerie ennemie est contre-battue par la nôtre qui lui impose silence.

20 février. — Dans la soirée du 19, les Chinois exécutent sur la citadelle un bombardement qui dure quarante-cinq minutes.

A ce bombardement prennent part les fusils en avant de la face ouest et des demi-faces adjacentes sud et nord, les canons de rempart, les canons de 4 et de 12 c. et les mortiers.

Tout ce bruit a sans doute pour but d'empêcher d'entendre leur travail, car le lendemain matin on s'aperçoit que de fortes palissades ont été plantées en avant de celles existant déjà au saillant sud-ouest et à la demi-lune ouest.

Les munitions ne paraissent plus en sûreté dans le magasin du mamelon; plusieurs petits dépôts sont installés dans les communications défilées.

21 février. — Le 20 au soir, les Chinois exécutent encore un bombardement de la citadelle; ils ont casematé leurs pièces et les ont changées de place sur le mamelon du blockhaus.

La pagode du commandant n'est plus abritée; un obus de 4 traverse le mirador de la porte sud et blesse légèrement un des hommes de garde.

Dans la nuit du 20 au 21, l'ennemi perfectionne son retranchement sur le mamelon qui domine à 50 mètres la partie sud de la face ouest; il y organise des crénaux couverts, d'où il plonge à l'intérieur de la citadelle à 20 mètres en arrière de la face ; à sept heures du matin, un légionnaire de garde à la porte sud est atteint d'une balle venant de ce mamelon.

Notre artillerie cherche à renverser ce retranchement ; mais comme il est mal vu du mamelon de la citadelle, elle n'y parvient qu'en partie.

A quatre heures de l'après-midi, le caporal du génie Cacheux, qui a remplacé le sergent Bobillot comme chef de service, rend compte que l'ennemi travaille activement à une galerie dirigée sur la droite de la brèche du saillant ouest et qu'il faut s'attendre pour le lendemain à une explosion de mine, celle de la droite de la brèche ou celle de la galerie n° 1.

Le commandant du poste renouvelle alors les recommandations déjà faites et insiste surtout sur ce point qu'il ne faut pas couronner la brèche immédiatement après l'explosion de la mine, mais que notre mouvement en avant doit correspondre à un mouvement semblable de l'adversaire.

Ce mouvement sera annoncé par des sentinelles qu'il faudra placer sur la brèche pendant que la troupe restera en arrière, en position d'attente.

Fusée incendiaire chinoise.

Le commandant Dominé cou-
ronne la brèche avec ses légionnaires (22 février) après la troisième explosion.

CHAPITRE VIII

ASSAUTS FURIEUX

Une ruse infernale des Chinois. — Trois explosions successives. —
Destruction de la compagnie Moulinay. — Brûlés vifs. — En
avant. — Combat corps à corps. — Fuite des Chinois. — Fausse
attaque de l'ennemi. — Nos pertes. — Mort du capitaine Mouli-

ney. — Enterrement des victimes. — Attaque de nuit. — Belle défense du sergent-major Husbaud et du sergent Thévenet. — Fuite des Chinois. — Prise de trois drapeaux. — Un contre cent. — Une situation critique. — Vaincre ou mourir. — Sommations repoussées. — Jactance de l'ennemi. — Gaieté des assiégés.

22 février. — Le 21, à huit heures du soir, les Chinois recommencent le bombardement de la citadelle et particulièrement du mamelon où trois hommes de garde sont légèrement atteints par les éclats d'un obus de 12.

Le 22, à six heures un quart du matin, les Chinois rassemblés dans la place d'armes et dans la tranchée couverte poussent de grands cris. En prévision d'une explosion prochaîne, le capitaine Cattelin, commandant le détachement de la légion, fait descendre du parapet les factionnaires du saillant ouest.

En effet, quelques moments après la mine de la droite de la brèche annoncée la veille par le caporal du génie, saute.

Comme l'ordre en a été donné, la demi-section chargée de couronner la brèche, se dispose en arrière dans une position d'attente; mais tout à coup les cris des Chinois se font entendre à faible distance et un drapeau chinois paraît sur la brèche.

Le capitaine Moulinay, emporté par son ardeur, entraîne la demi-section et garnit la brèche, les travailleurs suivent aussitôt.

Devant ce mouvement, les Chinois qui sont sortis de la tranchée, y rentrent vivement.

Cette retraite cache un piège tendu avec un art infernal.

Le capitaine Moulinay n'est pas sur la brèche depuis quelques minutes, que tout à coup, un bruit, pareil à un coup de tonnerre, se fait entendre ; tous les soldats engagés sur le couronnement sentent la terre trembler et voient la muraille se mouvoir.

En même temps, la lumière disparaît, l'atmosphère cesse d'être respirable, on avale du feu, on se sent étreint, enveloppé, frappé tout à la fois. Les uns croient s'enfoncer dans un abîme ; les autres croient être lancés dans les nuages. Tous voudraient crier, car tous souffrent, mais aucun n'a de voix.

Enfin le jour reparaît ; peu à peu l'air rentre dans les poitrines et chacun commence à comprendre que quelque mine vient d'éclater.

Mais avant le jour, avec la respiration, la conscience de la douleur est revenue.

Les soldats se regardent les uns les autres, ils s'épouvantent de ne plus se voir. La fumée a disparu. Quelques-uns ont de larges sillons sur le corps, leurs vêtements sont brûlés ; d'autres sont dépouillés de l'épiderme. Ce sont des écorchés qui marchent, qui hurlent, qui délirent. Ceux qui ont le moins souffert, ont les mains et le visage brûlés.

Voici ce qui est arrivé.

C'est une deuxième mine creusée à l'autre extrémité de la brèche déjà ouverte, qui a pu être établie
sans que nos sapeurs s'en soient aperçus, grâce
probablement à un terrain déjà ameubli par les
explosions précédentes.

Cette deuxième explosion dirigée en partie sur
le terrain bouleversé par la première, a enseveli
tous ces hommes comme dans un soupirail d'enfer.

Tous les soldats engagés sur la brèche sont
atteints par le feu ; quelques-uns sont immédiatement asphyxiés, d'autre sont mutilés et tombent
sur place. Enfin quelques-uns peuvent se retirer.

Une quarantaine d'hommes gisent au milieu des
décombres ; douze tués et une vingtaine de blessés,
dont le capitaine Moulinay et le sous-lieutenant
Vincent, tous appartenant à la légion.

Le premier sapeur mineur Edme a sauté en faisant couronner la brèche et est dangereusement
contusionné.

Il y a là un moment de confusion terrible, un
moment de vertige où tout a tremblé, sol et muraille.

Les Chinois profitent de ce moment. Ils reviennent à la charge, s'élançant comme à la curée,
déchargeant leurs fusils au hasard sur cette brèche
pleine d'hommes, de fumée, de terreur et de cris.

Puis, leurs fusils déchargée, ils se jettent à corps perdu sur ces malheureux pour les achever à l'arme blanche.

Mais rien ne peut émouvoir les hommes de la légion.

Une commotion spontanée, électrique, irrésistible, frappe tous les cœurs du même coup.

Le cri : « En avant ! » s'élance de toutes les bouches.

Le commandant Dominé ordonne aux clairons de sonner la charge. Suivi d'une section de la 2e compagnie, ce vaillant officier s'élance à son tour dans l'effroyable voie où gisent les débris de la demi-section du capitaine Moulinay et garde les deux ouvertures faites au saillant.

Cette section n'est pas plutôt en place qu'une troisième mine fait explosion : celle de la galerie n° 1.

Sans le moindre trouble, une demi-section de la réserve générale (1re compagnie), se dispose en arrière de la troisième ouverture.

A ce moment l'ennemi fait une tentative d'assaut général. Avertis par les sentinelles, les groupes disposés en arrière des brèches s'élancent ; les légionnaires, possédés par la fièvre du combat, arrivent en un clin-d'œil sur la terre meuble du rempart, tuent tous les Chinois qui se présentent pour monter à l'assaut, et rebouchent avec des

gabions et de la terre cette immense ouverture
qui a dû coûter tant de travail et environ 1,500 kil.
de poudre à l'ennemi.

Poursuivis par notre feu meurtrier, les Chinois
qui ont quitté la tranchée, la regagnent précipitamment laissant leurs morts sur le terrain.

Défense de la brèche.

Cette tentative repoussée, nous nous reportons
en arrière; les sentinelles seules sont laissées sur
les brèches.

Le travail est alors entamé simultanément sur les
trois brèches qui, au bout de deux heures, sont
déjà couronnées d'un retranchement provisoire.

Pendant l'explosion des mines de la face ouest,
l'ennemi a fait une démonstration contre la face
nord ; en même temps, un fort groupe s'est glissé

sur le pied de la berge du fleuve et a cherché à atteindre la haie de bambous.

De la demi-lune nord, la 1re compagnie disperse par ses feux les groupes qui s'avancent directement contre la face nord. Cette compagnie contribue ensuite avec l'artillerie du mamelon à éteindre les feux des tireurs du petit mamelon du saillant nord-ouest, feux qui sont excessivement gênants pour nos travailleurs.

Quant au groupe venu par la grève, il est dispersé par le canon de la *Mitrailleuse*, qui a été prendre son poste au milieu de la rivière Claire.

Dans la journée, on travaille activement à améliorer les retranchements des brèches.

Cinq malheureux légionnaires sont restés sous les décombres de la mine ; deux sont retrouvés.

Le capitaine Moulinay meurt à l'ambulance dans la journée des suites de sa blessure. Le sous-lieutenant Vincent et la plupart des sous-officiers et soldats atteints par l'explosion, sont sous l'influence de leur traitement et très abattus.

La 1re compagnie de la légion fait creuser deux fosses dans l'intérieur de la citadelle : une pour le capitaine ; l'autre, plus grande, commune pour dix soldats.

La cérémonie funèbre se fait dans une *cagna* où ont été déposés les cadavres, puis on se défile, en se baissant dans les tranchées, jusqu'au coin

qui est devenu notre cinquième et dernier cimetière

Les assistants se blottissent contre le rempart
pour ne pas être vus. Les corps, enveloppés dans
des nattes, sont placés à la suite les uns des
autres.

Le vénérable pasteur Boisset récite alors sous
les balles les dernières prières au bord de ces fosses,

Enterrement des victimes du 22 février.

et chacun, après avoir dit adieu à ses camarades,
se sépare avec la pensée que quelques secondes
plus tard il les rejoindra peut-être.

23 février. — Dans la journée du 23, on
améliore les retranchements des brèches, mais on
n'a pas le temps de constituer partout l'obstacle.

Vers midi un obus de 12 éclate dans la *cagna* du
commandant Dominé. Les officiers de l'état-major
jugent prudent de ne plus y demeurer ; ils s'in-

stallent pour prendre leur repas dans un trou dont on voulait premièrement faire une citerne.

Un tirailleur tonkinois est tué. Les trois corps des légionnaires ensevelis hier sous la mine sont retrouvés et inhumés avec un autre soldat mort à l'ambulance des suites de sa blessure.

24 février. — La nuit dernière a été très pénible. Dans la soirée du 23, on remarque un grand mouvement de troupes chinoises dans les tranchées qui avoisinent le saillant sud-ouest.

Vers neuf heures du soir, l'artillerie chinoise ouvre le feu, et à partir de dix heures et demie, une fusillade très vive part des positions chinoises autour du saillant nord-ouest ; ils allument un grand feu dans cette direction, et renouvellent fréquemment leur fusillade afin d'attirer l'attention de ce côté.

Vers quatre heures du matin, tout se tait ; les étoiles scintillent dans le ciel d'or et dans les camps chinois, où les feux des bivouacs montent çà et là en fumées droites, l'on ne perçoit plus que les longs et bruyants appels des gongs et le cri pareil des sentinelles.

A quatre heures trois quarts, à la faveur de l'obscurité, un groupe assez fort de Chinois réussit à se rassembler, sans être vu ni entendu, au pied des retranchements des brèches dont les obstacles ne sont pas encore terminés. Se présentant à la fois

sur un développement de crête d'une trentaine de
mètres, ils parviennent à percer cette ligne en
quatre points.

Le sergent-major Husbaud, de la 2ᵉ compagnie
de la légion qui commande le piquet (trois escouades) aperçoit tout à coup de grandes ombres silen-
cieuses qui rôdent dans les pierres ébranlées du
rempart.

Ce brave sous-officier n'a que le temps d'appeler
une escouade et de donner l'alarme, puis il se rue
vers l'ennemi : mais il chancelle aussitôt, atteint en
pleine poitrine.

Il tombe sur ses genoux, se relève : « A moi, la
légion ! » crie-t-il dans un appel désespéré, puis il
retombe.

L'escouade l'a entendu et se lance très brave-
ment contre les Chinois, mais, accablée sous le
nombre, est forcée de reculer.

En même temps, le sergent Thévenet, qui, en
1881, a déjà été blessé dans le Sud-Oranais, où il
a été décoré de la médaille militaire, cherche à former les deux autres escouades pour les porter sur
la brèche ; mais il est également atteint par un coup
de feu, et les trois escouades restent derrière leur
abri d'où elles engagent avec les Chinois une fusillade de pied ferme.

Le capitaine Cattelin arrive à ce moment sur le
terrain de la lutte, avec la section de réserve géné-

rale de la 2ᵉ compagnie ; il fait sonner la charge et pousse droit aux brèches à la baïonnette.

Les Chinois s'enfuient précipitamment ; quatre d'entre eux restent dans la citadelle avec trois grands drapeaux, des fusils, des sacs de poudre et des *coup-coups ;* trois autres sont tués sur la brèche, d'autres encore sont tués dans le fossé.

Prise de trois drapeaux au pied de la grande brèche (24 février).

Cette action terminée, les postes habituels sont repris. Outre les deux sous-officiers, deux légionnaires ont été également blessés.

Dans la journée, les coolies font une palissade de bambous en arrière des retranchements des brèches pour rendre ces retranchements infranchissables.

D'après les observations faites par le caporal du génie, l'ennemi travaille à cinq galeries de mine : deux embrassant la brèche prolongée du saillant sud-ouest ; une sur la face sud, entre la demi-lune sud et le saillant sud-ouest ; une quatrième à côté de celle qui a sauté derrière sur la face ouest ; enfin une cinquième à la demi-lune ouest.

La défense de l'héroïque garnison atteint son paroxysme. Un contre cent : une lutte pied à pied contre une armée aguerrie, résolue à tout saccager, à tout massacrer.

Les secours arriveront-ils à temps ?

Avant que les suprêmes cartouches soient brûlées, que les derniers défenseurs aient succombé sur la brèche ouverte, entendra-t-on enfin les sourds appels du canon se rapprochant d'heure en heure ?

Verra-t-on les vareuses bleues apparaître à l'horizon dans un tumulte de sonneries et de fusillades ?

On ne dort plus, on se fusille presque à bout portant la nuit et le jour. Le fossé est comblé de cadavres chinois que dépècent des vols d'oiseaux de proie.

Les officiers, se mettant dans le rang comme leurs soldats, ramassent les fusils tombés des mains des blessés.

Les jours s'écoulent, mais nul ne faiblit, ne songe à abaisser la loque tricolore déchiquetée qui claque au vent sur la brèche.

On a prévu l'époque où, faute de vivres ou faute

de secours, la place succombera : le mamelon intérieur doit servir de dernier refuge, et là, après
avoir brûlé sa dernière cartouche, l'héroïque garnison a résolu de se faire sauter.

A deux reprises, Luh-Vinh-Phuoc a sommé le
commandant Dominé de rendre la place ; il lui a
même offert de le laisser passer avec armes et
bagages, tant est grand son désir d'occuper Tuyen-
Quan. On répond par des volées de mitrailles à ces
propositions insolentes des Pavillons-Noirs.

Des parallèles qui touchent au mur, les assaillants
interpellent nos braves soldats. Une nuit, on entend
très distinctement ces mots, à la suite d'un assaut
qui a été repoussé :

— Ce n'est pas aujourd'hui, mais à coup sûr
c'est pour demain !

Tout cela est dit en bon français.

Les Chinois se donnent aussi des noms d'officiers
français restés célèbres ; un soldat entend les chefs
ennemis s'appeler « Coronnat, Rivière ».

Le péril imminent n'a pas banni la gaieté ; le
moral de la garnison n'est pas affecté un seul
instant.

Un clairon de la légion, au coup de langue brillant, fait tous les soirs le tour du fossé intérieur
et sonne pendant sa promenade un pot-pourri de nos
airs nationaux.

Si le commandant Dominé déploie une énergie

au-dessus de tout éloge, s'il montre une grande science militaire, il faut convenir que les Chinois, dirigés par des Européens, ont assiégé avec méthode, selon les principes de Vauban.

A la brèche.

Le dernier assaut (28 février).

CHAPITRE IX

LA DÉLIVRANCE

Nouvelle explosion. — Assaut repoussé. — Organisation de la brèche.
— Arrivée de dépêches. — Joie de la garnison. — Quatre mines.
— Assaut désespéré. — Combat sur la brèche. — Les volontaires
du Yun-Nam. — Trois heures de lutte corps à corps. — Retraite
de l'ennemi, ses pertes. — Approche de la colonne de secours.
— Ses fusées. — Fuite des Chinois. — Évacuation des tranchées.
— Chinois enfumés. — Le clairon français. — Arrivée de la
colonne. — La délivrance. — L'ordre du jour du général Brière
de l'Isle.

25 février. — Les Chinois nous ont encore
ménagé pour ce matin un triste réveil en cam-

pagne. A quatre heures quarante-cinq du matin, le factionnaire du saillant signale un rassemblement d'ennemis dans le grand chemin couvert.

Quelques moments après, la mine préparée par les Chinois, à gauche du saillant sud-ouest, saute. Elle prolonge la brèche déjà constante d'une dizaine de mètres.

Comme l'ordre en a été donné, le piquet se dispose en arrière de cette brèche et les travailleurs attendent formés plus en arrière.

La section de réserve générale de la 1re compagnie se forme à droite du piquet.

Au moment même où ce mouvement s'exécute, les Chinois donnent l'assaut à la brèche de droite de la face ouest; déjà ils ont atteint la crête et leurs feux plongent dans l'intérieur de la citadelle ; cette attaque est vivement repoussée par la section de réserve générale de la 2º compagnie ; les Chinois sont rejetés dans le fossé où ils sont fusillés par les défenseurs de la demi-lune ouest. 25 cadavres de réguliers sont étendus au pied de la brèche, et il est à supposer que plusieurs ont succombé dans les tranchées.

De notre côté nous n'avons eu que 4 tués et cinq blessés.

Le caporal Blanc, chef du génie, a été blessé de deux balles à l'œil et à la tête.

Ce sont des pertes d'autant plus sensibles qu'il

nous est impossible de les remplacer ; notre effectif diminue chaque jour, mais enfin une mine, à côté de la large brèche qui existe déjà, aurait pu nous faire un mal bien plus grand que celui-ci.

Après l'assaut, on attend encore une demi-heure, et lorsqu'il est constaté que l'adversaire a abandonné les tranchées, l'ordre est donné par le commandant Dominé de commencer le travail d'organisation de la brèche.

Organisation de la brèche.

Dans la journée même, ce travail est terminé et un obstacle est reconstitué; mais il n'y a plus de flanquement, et l'adversaire peut se rassembler sans être vu au pied des brèches.

La construction du retranchement intérieur est reprise dans l'après-midi.

Comme la veille, ordre est donné de ne pas laisser de sentinelles fixes sur les points où il peut se produire une explosion de mine ; ces sentinelles doivent être placées au pied du parapet, monter de temps en temps sur la banquette et tirer.

Et maintenant, une bonne nouvelle :

Un Annamite arrivé ce matin, au moment où l'action tire à sa fin, apporte plusieurs lettres au commandant Dominé, qui fait lire aussitôt l'ordre du jour suivant :

« Lang-Son, 13 février, 1 h. du soir.

» Drapeau national a été hissé midi sur citadelle Lang-Son. Rivière traversée. Ki-Lua occupé. Armée chinoise en déroute dès la nuit dernière après chaud combat à huit kilomètres en avant de la place. Répondre à cette nouvelle et informer postes voisins non pourvus de ligne télégraphique. Envoie confirmation par note circulaire.

» Brière de l'Isle.

» Le commandant du poste porte également à la connaissance des troupes de la garnison qu'une colonne composée de la première brigade tout entière remonte la rivière Claire pour venir à Tuyen Quan. Cette nouvelle lui est annoncée à la date du 23 février par le commandant du poste de Phu-Duong. »

L'heureux message se répand dans la citadelle comme une traînée de poudre.

Les soldats ont tous repris courage : s'il faut frapper un grand coup, chaque homme en vaudra deux.

A l'ambulance toutes les figures sont réjouies, l'un des blessés, qui a eu la langue paralysée par la mine, il y a deux jours, se lève sur son grabat pour exprimer sa joie par des signes.

Ah! comme nous les comprenons ces braves et obscures victimes du devoir et de l'honneur.

Avec une bonne santé et un fusil dans les mains, on conserve toujours l'espoir de se sauver; acculés sur le mamelon, pour mettre les choses au pire, nous résisterions pendant quelque temps dans les tranchées, puis, à bout de ressources, nous pourrions essayer de percer, baïonnette au canon, le cercle de l'ennemi : quelques-uns passeraient.

Pour les malades et blessés, à cette extrêmité, il n'y aurait plus d'espoir. Les Chinois leur trancheraient la tête avec leur coup-coups, et jetteraient les cadavres à la rivière après les avoir odieusement mutilés.

Il faut tenir ferme plus que jamais.

Les quatre mines qui se préparent, la tranchée qui avance toujours du côté des tirailleurs tonkinois, et nos propres canons qui tonnent sans relâche, disent que l'heure de la délivrance n'a pas encore sonné.

26 février. — La nuit du 25 au 26 se passe assez tranquillement, nos travailleurs continuent l'organisation du retranchement intérieur.

A deux heures du matin, l'on entend dans les tranchées chinoises, un petit bruit de sonnettes; des lumières qui circulent dans ces tranchées, semblent indiquer un rassemblement ; quelques moments après une fusillade assez vive s'ouvre contre la face sud, mais elle est de courte durée.

Ce matin, tout le monde s'attend à entendre sauter une mine : rien ne bouge. On suppose, au contraire, que les Chinois, instruits par leurs espions de l'arrivée de la colonne de secours, commencent à prendre la fuite :

1° Sur plus de vingt pavillons qu'il y avait en aval des tirailleurs tonkinois et du côté du blockhaus, il n'en reste plus qu'une douzaine ;

2° Depuis huit heures du matin, l'ennemi n'entretient plus qu'un tir lent de fusils et de canons de rempart ; on pense que les grandes bouches à feu ont été portées à Yuoc pour résister à notre colonne ;

3° Les travaux des Chinois avancent toujours, mais moins vite qu'auparavant.

Cependant leurs tireurs de position nous touchent encore un homme aujourd'hui dans la tranchée du mamelon.

Deux blessés de ces derniers jours meurent à l'ambulance.

Travail exécuté : organisation du retranchement intérieur.

27 février. — Toute la nuit du 26 au 27, les factionnaires de l'ennemi ne cessent de tirailler, un canon de rempart installé en face de la brèche du saillant sud-ouest, lance de la ferraille mélangée de pierres.

L'ennemi continue ses galeries de mine et chemine sous terre, comme les taupes, avec une ténacité incroyable : toutefois son travail semble peu avancer; il gagne une vingtaine de mètres en sape contre les tirailleurs tonkinois.

Dans la journée il remonte son canon de 4, et plusieurs projectiles de cette pièce atteignent le mamelon de la citadelle, son feu est éteint par notre artillerie.

28 février. — Dès le 27 au soir, à la tombée de la nuit, les travailleurs sont occupés à faire un petit retranchement intérieur, vis-à-vis de la brèche du milieu de la demi-face sud de la face ouest. Ce retranchement a pour but d'abriter des feux du mamelon Brûlé et du mamelon du nord-ouest, le groupe chargé de surveiller les brèches pouvant se produire sur cette demi-face.

Le retranchement est relié par une communication défilée avec l'abri du piquet de la 2ᵐᵉ compagnie.

Tout ce travail est exécuté sous la direction du premier sapeur-mineur Védème, chef du génie, qui a dirigé les derniers travaux de défense.

Dès dix heures du soir, le bombardement par la pièce de 4 commence; depuis le commencement du siège, c'est la première fois que les Chinois tirent le canon pendant la nuit. Évidemment ils préparent un assaut désespéré; nous attendons avec confiance.

A onze heures et demie du soir, une forte détonation se fait entendre; c'est la mine du milieu de la face sud qui saute; elle fait une brèche de dix mètres et lance à soixante mètres de distance, des masses énormes de maçonnerie et de terre.

Une fusillade des plus nourries suit immédiatement l'explosion.

Les Chinois se sont massés en grand nombre au pied des brèches des 12, 13, 22 et 25 février. Dès que la mine a sauté, ils s'élancent à l'assaut avec furie, en poussant des hurlements effroyables.

Le sous-lieutenant Proye, qui commande le piquet (3 escouades de la deuxième compagnie), le lance aux brèches de gauche (2ᵉ brèche du 22 février, brèche du 22 et arrondissement du saillant).

Le capitaine Cattelin qui arrive en ce moment de l'ancien baraquement de l'artillerie, avec une demi-section de la réserve générale de la 2ᵉ compagnie, la lance contre les brèches de droite (brèche du 12 février, 1ʳᵉ et 3ᵉ brèches du 22 février).

L'autre demi-section de la réserve générale de la 2ᵐᵉ compagnie arrive à la porte sud avec le lieutenant Naert.

Une escouade de cette demi-section, va renforcer le piquet à l'arrondissement du saillant, où le combat est particulièrement vif; l'autre escouade est employée à surveiller la brèche qui vient de se produire sur la face sud; les Chinois n'ont, du reste, probablement fait sauter une mine de ce côté que pour nous y attirer, car ils ne cherchent pas à donner l'assaut par la nouvelle brèche et tous leurs efforts se réunissent contre les anciennes.

Pendant près de trente minutes, le combat se maintient à bout portant sur les brèches, les combattants n'étant séparés que par la palissade de bambous, dont elles sont couronnées.

Nos soldats ont à repousser là de rudes adversaires.

Dans cette armée du Yun-Nam, il y a un corps choisi dont les hommes ont fait le serment de ne jamais reculer — ils sont marqués d'une croix rouge au front. Ce sont ceux qui forment les têtes de colonnes d'assaut.

Ces volontaires essayent de planter successivement sur la palissade des brèches, trois drapeaux qui sont aussitôt enlevés par nos légionnaires.

Plusieurs fois ils essayent d'escalader cet obstacle, mais ils sont rejetés à coups de baïonnette de l'autre côté, où ils se font obstensiblement fusiller sur place. Ils finissent cependant par quitter le sommet des brèches pour se mettre à l'abri dans l'angle mort des entonnoirs. De là, ils lancent des pétards et des sachets de poudre à la figure des défenseurs.

Quelques moments après, ils renouvellent leur attaque, culbutés encore une fois au pied des brèches par notre feu, ils ne se découragent pas, et pendant une heure et demie, ils ne cessent de tenter deux nouveaux assauts.

Pendant plus de trois heures, les légionnaires, cachés derrière la palissade et les gabions, leur envoient des feux de salve à bout portant, en même temps que notre artillerie les mitraille du haut du mamelon.

Tandis que ces attaques furieuses sont dirigées sur notre saillant sud-ouest, une démonstration est faite contre la face nord, et une autre contre les tirailleurs tonkinois; ces deux tentatives sont repoussées par les fractions de troupe attachées à la défense de ces points et grâce aussi au feu de l'artillerie du mamelon.

La lutte se termine vers trois heures du matin, les Chinois battent en retraite. Le terrain est jonché de leurs cadavres.

On en compte plus de vingt étendus dans un entonnoir du terrain, sur une seule brèche soixante-dix morts avec leurs armes, tous marqués au front de la croix rouge des volontaires du Yun-Nam.

A partir de trois heures du matin, les travailleurs élèvent un retranchement rapide avec palissade en bambous sur la nouvelle brèche.

Le piquet du saillant, renforcé d'une demi-section, assure le service de garde dans cette partie de l'enceinte et les autres troupes rentrent au cantonnement.

La journée est employée par les travailleurs à améliorer et à réparer les retranchements des brèches.

L'affaire du 28 février nous coûte 3 tués et 9 blessés, parmi lesquels le sous-lieutenant Proye de la 1re compagnie.

La colonne qui vient à notre secours nous a envoyé deux piétons annamites, — comment ont-ils pu passer?... avec une lettre datée du 25 courant, pour nous annoncer qu'elle nous arrivera ce soir.

Si l'action à Yuoc se prolonge plus qu'on ne le croit, elle lancera des fusées pour nous indiquer la direction qu'elle suit et nous avertir qu'elle sera ici demain matin. Le même courrier annonce la nomination du sergent-major Camps au grade de sous-lieutenant.

A huit heures du soir, la colonne annonce son approche par des fusées qui sont très bien vues de la citadelle et saluées par les hourrahs de la garnison.

1er mars. — Nuit et journée assez calmes, l'artillerie de l'adversaire ne se fait plus entendre, bien qu'il ait refait les embrasures détruites par notre canon de 80 millimètres.

Un emplacement de batterie a été préparé contre les Tonkinois; cette batterie est dans une situation telle qu'elle ne peut être contrebattue par notre artillerie du mamelon.

Le cheminement des Chinois contre les tirailleurs tonkinois continue; outre la sape qui suit la route et se dirige sur la face sud du cantonnement, ils en ont ouvert une seconde qui s'avance contre la face ouest.

Retranchements chinois.

Nous avons vainement attendu la colonne hier et aujourd'hui. A sept heures et à neuf heures du matin, des fusées rouges sont aperçues dans la direction des gorges de Yuoc.

Les Chinois tirent beaucoup pendant toute la journée. Malgré nos travaux de défense et les précautions prises, ils blessent encore deux hommes.

Dans la nuit le brave sergent de la légion Thévenet, meurt des suites de sa blessure.

2 mars. — Fusillade entretenue nuit et jour ; aucun incident important à Tuyen-Quan. Toute l'après-midi, on entend la canonnade et la fusillade dans la direction de Yuoc, à une distance de six à huit kilomètres.

Une communication défilée est établie entre la citadelle et les tirailleurs tonkinois. Dans la soirée, l'ordonnance du pasteur Boisset est très grièvement blessée près de son maître.

3 mars. — Une fusillade assez vive est dirigée toute la nuit contre la citadelle ; vers quatre heures du matin, cette fusillade, qui était destinée à masquer la retraite des Chinois, cesse complètement.

La canonnade que l'on a entendue la veille du côté de Yuoc, annonçant l'approche de la colonne qui vient débloquer Tuyen-Quan ,il y a lieu de supposer que les Chinois se sont retirés pendant la nuit : une patrouille de Tonkinois est envoyée au retranchement le plus avancé qu'elle trouve évacué.

Le premier mouvement de terrain en avant de la face sud est alors occupé par une section de tirailleurs tonkinois, et une section de légionnaires est appelée pour former réserve.

De ce premier mouvement de terrain, une patrouille est envoyée au village qui est également trouvé abandonné; un poste de tirailleurs tonkinois est établi sur la rivière sud du village.

En même temps, pour nous prolonger sur la face
ouest, une demi-section de Tonkinois, commandée
par le sergent André de la légion, gagne le saillant
sud-ouest par une des tranchées de l'adversaire;
elle trouve au saillant quelques Chinois qui sont
tués; de là, elle se porte sur le mamelon Brûlé
qu'elle occupe.

Dans une chambre souterraine se sont retirés
quelques Chinois qui se défendent en désespérés.
En voulant y pénétrer directement, les Tonkinois
ont un homme tué et un blessé.

La section de la légion, qui forme réserve, arrive
aussitôt, conduite par le capitaine de Borelli, commandant de la compagnie à laquelle appartient
cette section; un des légionnaires voulant aller
droit aux Chinois est tué.

Le capitaine de Borelli fait alors boucher la sortie
et tous les créneaux de la casemate avec de la
paille humide et fait ensuite enfoncer la toiture.
On parvient ainsi à atteindre cinq Chinois qui
meurent les armes à la main, sans vouloir se
rendre.

Nos soldats sortent de la citadelle.

Quel spectacle !

Environ 50 à 60 mètres d'ouverture au rempart; de nombreux gabions renversés; des boyaux couverts arrivant de toutes parts du côté de l'ennemi ; des *coup-coups*, et des fusils de divers modèles semés çà et là ; des outils oubliés pêle-mêle ; vingt-six cadavres sont encore entassés à demi-nus, au fond de l'un des trous en entonnoir produits par la mine.

Ailleurs, des mamelons couronnés par des tranchées, la plaine sillonnée par des chemins couverts, des matériaux énormes amoncelés avec une incroyable opiniâtreté.

Vers dix heures du matin, passent successivement, à 3,500 mètres de la place, deux colonnes chinoises se rendant de Dong-Yen à Yla, la première forte environ d'un millier d'hommes et la deuxième de 600. Plusieurs coups de 80 millimètres forcent ces colonnes à rompre leur ordre de marche.

Vers deux heures de l'après-midi nous entendons le clairon français sonner la marche des turcos dans les broussailles qui sont en aval de l'emplacement du village annamite.

Bientôt apparaissent les vestes bleu clair à galons jaunes de ces braves Africains et les vareuses sombres de l'infanterie de marine.

Un hourrah enthousiaste s'élève du rempart où la garnison agite triomphalement ses armes et ses coiffures.

Des officiers qui voient la guerre depuis long-

…emps, laissent couler sur leurs joues fatiguées de grosses larmes de bonheur.

Bientôt les deux troupes se joignent, les rangs sont confondus, on s'embrasse, on se serre la main.

Les clairons sonnent aux champs, les troupes présentent les armes.

Le général Brière de l'Isle et le colonel Giovaninelli viennent d'entrer dans la citadelle et donnent l'accolade à l'héroïque commandant Dominé.

Rien n'est plus éloquent que les sept brèches de l'enceinte, ces cinq autres mines, dont deux sont déjà bourrées, le tiers de notre effectif hors de combat, ces nombreuses tombes fraîchement recouvertes !...

Nos libérateurs ne peuvent en croire leurs yeux. Ceux qui ont précédemment habité la citadelle, ne la reconnaissent plus. On évalue à huit kilomètres de longueur les tranchées faites par les Chinois.

La garnison a été réduite à 420 hommes. Ses pertes s'élèvent à 33 tués dont 2 officiers : les capitaines Dia des tirailleurs tonkinois et Moulinay de la légion, et à 76 blessés, dont 4 officiers, le capitaine Naërt, le lieutenant Gœury, les sous-lieutenants Vincent et Proye, tous les quatre de la légion.

A côté des troupes de la garnison, mentionnons pour sa brillante conduite, la *Mitrailleuse*, commandée par l'enseigne de vaisseau Senès, et qui prêta le plus puissant concours au commandant Dominé pendant ce siège mémorable.

L'officier et les quinze hommes d'équipage furent tous plus ou moins blessés pendant le siège. Pour sa part, M. Senès reçut une balle dans le mollet et un éclat d'obus dans le flanc.

La canonnière elle-même courut les plus grands dangers, manœuvrant constamment pour éviter les brûlots que lui lançaient les Chinois. Un jour, une grande fusée incendiaire tomba sur sa paillote et y communiqua un commencement d'incendie rapidement étouffé. Une autre fois une bombe faillit faire sauter la *Mitrailleuse*, et tomba tout près d'elle dans la rivière Claire. M. Senès fut décoré et nommé lieutenant de vaisseau.

Le commandant Dominé, dont le nom mérite de figurer en lettres d'or dans l'histoire de cette guerre, est nommé lieutenant-colonel ; tous ses soldats en sont fiers ; tous ils ont noblement rempli leur devoir, comme l'atteste l'ordre général du commandant en chef :

Officiers, sous-officiers, soldats et marins de la garnison
de Tuyen-Quan,

Sous le commandement d'un chef héroïque, le chef de bataillon Dominé, vous avez tenu tête pendant trente-six jours, au nombre de six cents, à une armée, dans une bicoque dominée de toutes parts.

Vous avez repoussé victorieusement sept assauts.

Un tiers de votre effectif et presque tous vos officiers ont été

brûlés par les mines ou frappés par les balles et les obus chinois,
mais les cadavres de l'ennemi jonchent encore les trois brèches
qu'il a vainement faites au corps de place.

Aujourd'hui, vous faites l'admiration des braves troupes qui vous
ont dégagés au prix de tant de fatigues et de sang versé. Demain,
vous serez acclamés par la France entière.

Vous tous aussi, vous pourrez dire avec orgueil :

« J'étais de la garnison de Tuyen-Quan ; j'étais sur la canonnière
la *Mitrailleuse*. »

Au quartier général à Tuyen-Quan, le 3 mars 1885.

Brière de l'Isle.

Cadavres chinois abandonnés.

Attaque des retranchements chinois à Yuoc par les Turcos (3 mars).

CHAPITRE X

COMBATS DE YUOC

La brigade Giovaninelli. — Son chef. — Départ de Lang-Son. —
Par le brouillard. — Les pontonniers. — Traînards chinois. —
Les montagnes de marbre. — Le champ de bataille de Bac-Lé.
Tombes violées. — Chemins impraticables. — Arrivée à Lang-
Kep. — A Hanoï. — La colonne de Maussion. — Concentration

de la colonne de secours à Bac-Hat. — En marche sur Tuyen-
Quan. — Difficultés de la marche. — Retards de la flottille. —
Les retranchements chinois. — Attaque des tirailleurs tonkinois.
— Combat des 2 et 3 mars. — Pertes énormes. — Une nuit terrible. — Un suprême effort. — Attaque des turcos. — Une
demi-compagnie détruite par une mine. — Retraite de Luh-Vinh-
Phuoc. — Officïers tués et blessés. — Audace d'un prisonnier
chinois. — Nos canonnières traînées par les marins. — Pertes de
l'infanterie de marine.

Au cours de la période des opérations contre
Lang-Son, les nouvelles reçues de Tuyen-Quan
montraient cette place de plus en plus pressée par
le corps de siège de l'armée du Yun-Nam. Les travaux d'approche étaient poussés avec une précision
et une méthode que l'on était loin d'attendre de la
part d'une armée chinoise.

La garnison, trop faible pour faire des sorties,
ne pouvait qu'opposer une résistance pied à pied
aux attaques du corps de place que préparaient
des brèches faites à la mine.

Ces brèches avaient, il est vrai, été toujours
couronnées par les solides troupes du commandant
Dominé et les assauts vigoureusement repoussés ;
mais les pertes journalières affaiblissaient d'une
manière constante la petite garnison, et il y avait
lieu de se hâter de la dégager.

En arrivant à Lang-Son, le général Brière de
l'Isle reçut des nouvelles trop graves de Tuyen-
Quan pour différer plus longtemps de débloquer
cette place.

Dès le 15 février, il décide de laisser dans cette ville la 2ᵉ brigade (général de Négrier), de partir aussitôt le lendemain avec la 1ʳᵉ brigade (colonel Giovaninelli), sans pouvoir accorder à ces dernières troupes le repos mérité.

Cette brigade était ainsi composée :

Infanterie de marine (lieutenant-colonel Chaumont). Bataillon Lambinet, bataillon Mahias :

Tirailleurs algériens (lieutenant-colonel Letellier). Bataillon de Mibielle, bataillon Comoy ;

Tirailleurs tonkinois, bataillon Tonnot ;

Artillerie : Batterie 4 bis (80 millimètres portée) ; Ropperh, batterie 5 bis (80 millimètres portée), Péricaud ; batterie 3 bis (4 R. M. traînée), Roussel.

Plus des sections d'ambulance, du génie, des pontonniers et de la télégraphie optique.

Le commandant de cette brigade, le colonel Giovaninelli, qui devait recevoir plus tard les étoiles de général de brigade, en récompense de sa conduite héroïque lors de la prise de Lang-Son, est un de nos officiers les plus distingués.

M. Giovaninelli est né à Castello-de-Rostino, (Corse), le 5 septembre 1837 ; il est entré à l'école de Saint-Cyr en 1855. Sous-lieutenant à la légion étrangère le 8 octobre 1857, il a fait successivement les campagnes d'Afrique, d'Italie, du Mexique, et en 1870, s'évadant de Metz le jour de la reddition, il combattait une semaine après dans le nord, et ensuite à Paris.

Blessé plusieurs fois, cité à l'ordre du jour de l'armée, il a été nommé chevalier, puis officier de la Légion d'honneur, et il a acquis devant l'ennemi tous ses grades jusqu'à celui de chef de bataillon. Il est colonel du 22 août 1880.

Le général Brière de l'Isle quitte Lang-Son avec la brigade Giovaninelli le 16 février, à huit heures du matin.

Cette colonne doit suivre la route mandarine par Cut, Than-Moï, Bac-Lé, le Kep et rentrer à Hanoï d'où elle remontera aussitôt dans la direction de Tuyen-Quan.

Le brouillard qui accompagne les troupes depuis Vanvi est plus intense que jamais, le terrain est aussi glissant que dans les pays de verglas ; mais le soldat est heureux de prendre le chemin du retour, une fois le devoir accompli !

Cette première étape est extrêmement dure ; on traverse, de dix à deux heures, sept fois l'eau ; on rentre ensuite dans la région des rampes et des pentes où les paliers brillent par leur absence.

A quatre heures du soir, on a fait 16 kilomètres ; il faut s'arrêter, car la nuit vient, et l'emplacement est propice pour un bivouac en temps de guerre.

Cette nuit est pénible pour tout le monde ; il n'a

8.

cessé de pleuvoir et les troupes se remettent en marche au petit jour, mouillées et couvertes de boue.

Les pontonniers sont toujours en tête, sapant, piochant, pratiquant à la hâte des escaliers dans les pentes trop raides. Les auxiliaires tonkinois capturent dans un petit hameau six réguliers.

A tout instant, notre avant-garde tire des coups de feu; les mamelons sont pleins de traînards qui flanquent peut-être des partis chinois.

Du reste, si on en juge par les défroques dont la route est couverte, par les amas de cendres encore chaudes, l'ennemi a dû passer par ici depuis peu. Le tir de notre avant-garde a porté; on compte une centaine de cadavres au fur et à mesure de la marche.

M. Pierron, lieutenant du service topographique, qui va sans relâche, sa boussole et son carnet à la main, signale, avant Cut, la ligne du partage des eaux.

Espérons que le nombre d'arroyos va diminuer; nous avons traversé onze fois l'eau depuis le départ du bivouac.

La vallée s'élargit; nous arrivons près de Than-Moï, à peu près à la hauteur de Dong-Son, dont nous reconnaissons les crêtes sur notre gauche.

Des rochers à pic se dressent sur notre droite. Ce sont les montagnes de marbre, chaîne immense, peuplée de daims et de tigres, couverte d'arbres qui tiennent sur ses flancs par un miracle d'équilibre.

La grand'halte a lieu dans un site des plus pittoresques ; on croirait voir les cailloux de la baie d'Allong faisant face aux forêts jurassiques du Déo-Van.

Les villages sont moins rares ; voici un groupe de notables qui viennent exprimer au commandant en chef leur satisfaction d'être débarrassés des Chinois ; ils apportent à l'état-major des provisions d'œufs et de poulets. Que n'ont-ils aussi du pain, qui remplacerait avantageusement le biscuit rebelle que nous savourons depuis Chu.

Les formidables ouvrages amoncelés par l'ennemi dans les défilés devenus légendaires de Bac-Lé, apparaissent après Than-Moï, où nous cantonnons dans la nuit du 17.

La route est barrée et coupée, les pontonniers accomplissent des tours de force pour permettre à l'artillerie et au convoi de passer.

Les difficultés sont telles qu'il faut s'arrêter et que les chasseurs d'Afrique sont chargés de reconnaître la route le plus loin possible. Ils reviennent bientôt, car, à une distance de deux kilomètres du point où nous nous trouvons, l'ennemi a abattu les arbres et les a jetés sur le passage.

La journée est exténuante pour le lieutenant

Rémusat et ses pontonniers, mais ils ne se ménagent pas et la colonne peut continuer sa marche.

Nous voici devant Hao-Lac, le champ de bataille du 22 juin 1884.

Les bandits ont violé les tombes, sans doute pour décapiter nos morts. L'émotion est profonde ; nous nous découvrons et les compagnies défilent silencieusement au port d'armes.

Les montagnes de marbre vont se perdre dans l'ouest ; il n'y a plus de retranchements dans les gorges traversées.

Les traces chinoises cessent ; l'ennemi a quitté, en cet endroit, la route mandarine.

Nous pouvons visiter à notre aise les forts casematés pris à revers. Si les Chinois n'avaient pas tiré trop tôt en juin 1884, s'ils avaient permis au colonel Dugenne de s'engager plus avant, pas un homme n'eût pu s'échapper.

Les anciens combattants de Bac-Lé, qui font partie de la colonne, vantent, à ce propos, les qualités militaires et l'énergie du colonel Dugenne, qui a su rallier sa troupe sous un feu meurtrier. Ils désignent à leurs compagnons le mamelon sur lequel le lieutenant Bailly avait installé son poste d'optique, à 20 mètres à peine des Chinois.

De Bac-Lé à Cao-Son, il y a 13 kilomètres ; mais la route, assez large en certains endroits traverse des marais où le passage praticable devient très étroit ; les hommes enfoncent dans la vase jusqu'aux genoux.

Un cavalier, qui s'est trop écarté de l'itinéraire tracé par les éclaireurs, tombe dans un trou de 2 mètres, d'où on le retire à grande peine.

Dans la saison des eaux, cette route mandarine sera impraticable si on ne construit des ponts, entreprise facilitée par la quantité de bois de haute futaie qui se trouve à portée de la main.

L'état-major devance la colonne. En arrivant à Cao-Son, le 19 février, nous trouvons une route splendide que des certaines d'Annamites continuent tout près de Song-Thuong.

De nombreux travaux ont été faits à Lang-Kep depuis la fin de 1884, sous la direction du colonel Godard, commandant d'armée de ce poste.

Le fort établi sur un mamelon, que l'on a dû défricher, est un bijou ; tout y est propre, bien rangé. Il y a un cercle pour les officiers, des jeux pour les soldats, sans compter que la position est importante, car on peut circuler dans un rayon de 16 kilomètres sous la protection du canon.

Un monument, auquel on met la dernière main, a été élevé, à 500 mètres du fort, à la mémoire des braves tombés en octobre, après la prise de ce village.

Au Kep, on apprend avec une vive satisfaction que le digne aumônier militaire, l'abbé Gibert, dont le dévouement a été au-dessus de tout éloge, vient d'être nommé chevalier de la Légion d'honneur.

Du Kep par Phu-Lang-Thuong, la colonne arrive à Dap-Cau où elle passe la nuit, et de là se remet en route pour Hanoï, où elle arrive en face de la concession le 22 au soir.

Déjà, dès le 17 février, le colonel commandant supérieur du Delta, ne croyant pas à un aussi prompt retour de la 1re brigade, a constitué une petite colonne qui, sous les ordres du lieutenant-colonel de Maussion, comprend deux compagnies de tirailleurs algériens, une compagnie de la légion étrangère, deux compagnies et demie de tirailleurs tonkinois, quatre pièces de 4 R. M., traînées par des coolies ; troupes tirées des garnisons de Hanoï, Hong-Hoa et Sontay.

Les canonnières déposent à Bac-Hat cette sorte d'avant-garde, qui fait deux longues étapes.

Le 24 février, le colonel de Maussion se trouvant à Phu-Doan, apprend que les assiégants ont tenté dans la nuit du 21 au 22 février un assaut terrible, qui a été heureusement repoussé.

La première brigade est partie aussitôt de Hanoï et se concentre les 23 et 24 février à Bac-Hat, organise son parc et son convoi, dont les transports doivent s'effectuer exclusivement par jonques et sampans.

A cette même date, le général Brière de l'Isle, e colonel Borgnis-Desbordes et tout l'état-major s'embarquent sur l'*Éclair*, suivi par les canonnières *Henri-Rivière*, *Berthe-de-Villers*, *Moulun* et *Trombe*, qui emportent les dernières troupes.

Toute la colonne réunie à Bac-Hat se met en route par terre sur Phu-Doan ; la flottille, malgré l'état stationnaire des eaux de la rivière toujours très basses, reçoit l'ordre de tenter l'impossible pour se maintenir à la hauteur de la colonne et arriver avec elle devant l'ennemi.

Celui-ci, fortement retranché à Hoa-Moc, en aval de Yuoc, aurait été alors sérieusement menacé par les canonnières qu'il ne s'attendait point à voir venir jusqu'à lui.

Dans sa marche, la colonne remonte la rive droite de la rivière Claire.

Traversant un pays très couvert, coupé de ravins à pentes à pic, la route ne présente là où elle existe qu'un mauvais sentier de piétons qu'il y a lieu de transformer pour le passage de nos mulets ; bien plus, elle cesse brusquement de Cham à Phu-Doan, et la brigade doit la construire, en employant même parfois la dynamite ; des epérons boisés et rocheux se dirigent perpendiculairement à la rivière, qu'ils surplombent, et ne permettent aucune recherche de tracé par la berge.

Cette solution de continuité est connue ; la colonne

d'occupation de Tuyen-Quan (juin 1884), la colonne Duchesne (novembre 1884), la garnison envoyée à Phu-Doan (décembre 1884), ont dû, pour franchir cette partie du parcours, s'embarquer de Cham à Phu-Doan ; ce procédé nous est interdit, et par l'effectif de la colonne et par la situation des eaux, qui ne peuvent laisser espérer le passage des canonnières qu'à condition qu'elles soient complètement allégées.

Enfin, le 27, la colonne est à Phu-Doan. Rejointe par ses jonques et sampans, elle se ravitaille en vivres, traverse le Song-Chaï le 28, et se met en marche vers Tuyen-Quan.

Quant à la flottille, les efforts de ses équipages ne peuvent lui permettre de se maintenir à la hauteur de la colonne, ses échouages nombreux, par des fonds où les canonnières doivent parfois être traînées à force de bras, lui donnent déjà un retard de douze heures sur les troupes.

Cette région boisée, accidentée, est des plus favorables à la défense.

Les Chinois, qui remuent la terre avec une facilité incroyable, se sont surpassés. A huit kilomètres de Tuyen-Quan, depuis Yuoc, de formidables retranchements casematés sont appuyés par des tranchées établies le long de la rivière Claire avec fossés de deux mètres de profondeur.

En avant, dans les hautes herbes, sur une étendue

d'un kilomètre carré, des bambous taillés en pointe, habilement dissimulés et se confondant avec la verdure, déchirent cruellement les jambes de nos soldats.

Le 2 mars, vers dix heures du matin, l'avant-garde de la colonne Giovaninelli détache des tirailleurs tonkinois pour déblayer le terrain.

On sent la présence d'un ennemi invisible. Luh-Vinh-Phuoc ne commet pas les fautes des généraux chinois à Noui-Bop et ailleurs ; pas un pavillon en vue, pas une tente, une tranquillité parfaite ; on pourait se croire dans un pays abandonné.

C'est le calme lourd, précurseur des ouragans.

En effet, les Tonkinois, qui s'avancent dans les hautes herbes, essuient une décharge à bout portant ; ils sont tombés sur un ouvrage occupé par les Pavillons-Noirs, qui se précipitent aussitôt pour décapiter les blessés ; un tirailleur de la compagnie Garnier, qui n'a pas été atteint, est pris, ligoté et amené devant Luh-Vinh-Phuoc, entouré de plus de trois cents officiers.

Ayant réussi à s'échapper quelques heures plus tard, il donne lui-même ces détails à l'état-major.

Aux questions posées par le vieux chef de partisans, ce Tonkinois a répondu que les Français sont venus au nombre de dix mille, qu'ils ont des canons portés par des chevaux, et qu'ils sont résolus à débloquer Tuyen-Quan coûte que coûte.

Entre temps, notre infanterie prend ses positions de combat.

Il faut cette fois attaquer de front, et l'on peut dire que les journées des 2 et 3 mars, à Yuoc, ont été les plus meurtrières de toutes nos luttes au Tonkin.

Attaque du bataillon Mahias de l'infanterie de marine (2 mars).

Le 2 au soir, deux attaques successives sont demeurées sans résultat; l'infanterie de marine a déjà 15 officiers et 250 hommes tués ou blessés. Le bataillon Mahias se trouve en première ligne.

La nuit est terrible ; on est arrêté à deux cents mètres de l'ennemi, dans une obscurité complète, au milieu des hautes herbes, sous la pluie ; les Chinois tirent sans relâche. Il est impossible d'allumer des feux, et le docteur Masse frotte de temps à autre une allumette pour rajuster les pansements de ses 64 blessés au milieu des morts et des mourants.

Le capitaine Bourguignon a la machoire fracassée.

On entend distinctement les ordres donnés dans le camp ennemi.

Un sergent d'infanterie de marine, qui s'est égaré dans le brouillard, a la tête coupé.

Il faut vaincre à tout prix et délivrer Tuyen-Quan.

Nos pertes sont énormes, mais jamais troupes n'ont été plus admirables dans leur entrain et leur énergie au feu.

On peut se demander si jamais des compagnies ayant laissé dans la soirée leurs officiers et une moitié de leur effectif sur le terrain pour conquérir une position, ont repris d'elles-mêmes, le lendemain, le mouvement en avant contre des ouvrages qu'il fallait emporter d'assaut. Tel est cependant le spectacle qu'offrent les bataillons de notre brigade, le 3 mars au matin.

Au petit jour, un suprème effort est tenté : « marsouins » et turcos s'élancent sur les lignes ennemies avec une furie telle qu'ils arrivent dans les retranchements chinois, malgré les fougasses et les mines qui éclatent sous leurs pas.

Dans cet assaut final, une mine éclatant met hors de combat quarante de nos braves Algériens dans une seule compagnie.

Mine éclatant au milieu des turcos (3 mars).

Les travaux élevés par les Pavillons-Noirs sont formidables. Des lignes brisées de parallèles s'étendent sur une longueur de 8 kilomètres jusqu'à la citadelle de Tuyen-Quan: dans les redoutes, de longs tuyaux en bambous, traversant les meurtrières, permettent aux Chinois d'exécuter des feux croisés, dans une direction habilement choisie, de telle sorte que le terrain est battu sur tous les points accessibles.

En dehors de leurs sapes, de leurs mines, les Célestes ont rétabli des batteries de 4, d'obusiers de 22 et de fusils de rempart.

On évalue à 15,000 environ le nombre des Chinois bien postés, bien armés, soutenus par l'armée régulière de Yun-Nam, que la première brigade a dû déloger de Yuoc et des ouvrages du Hoa-Moc.

Les cadavres chinois laissés dans les redoutes prouvent que nos artilleurs et nos fantassins ont bien travaillé. Dans les tranchées, nos hommes marchent sur un lit de douilles de cuivre et de balles de plomb entassées sur une épaisseur de plus d'un mètre.

A deux heures, Tuyen-Quan est débloqué, mais au prix de quels sacrifices. Nous avons 6 officiers et 70 hommes tués ; 21 officiers et 387 hommes blessés.

Dans les morts : le capitaine Tailland, les lieutenants de l'Estoile, Moissenet, le sous-lieutenant Brun ; parmi les blessés, les capitaines Bourguignon (mort le 12 mars à Hanoï), Chanu, (décédé), Salle ; les lieutenants Lagarde, Moudon, Verzeau, Chenagon, Bellier, de Garge ; les sous-lieutenants Le Heiget et Guénin, tous de l'infanterie de marine.

Les tirailleurs algériens ont au nombre de leurs morts : le capitaine Rollandes et le lieutenant Embarck, et parmi leurs blessés, les capitaines Valet, Chirouze ; les lieutenants Mohamed-ben-Mehmed, Mohamet-ben-Embarck , Mehemed-ben-Mohamed, Guignabaudet, les sous-lieutenants Peyre (décédé le 9 mars à Hanoï), Roug et Pierri.

M. Donnat, sous-lieutenant aux tirailleurs tonkinois, est également blessé.

Les pertes des Chinois sont énormes : ces gens-là ont fait preuve d'une ténacité et d'une résolution extraordinaires.

Un prisonnier fait par nos Tonkinois, a su tromper la surveillance de ses gardiens, au point qu'il avait tendu à l'homme qui l'attachait, au lieu de son pied, un bas rempli de sable ! Dans la nuit, il se débarrasse de ses vêtements, prend dans le poste où il est enfermé deux fusils, qu'il passe en bandoulière et s'élance dehors avec une audace inouïe.

On le rattrape pourtant, et on lui demande dans quel but il a pris les fusils. Il répond que c'est pour bien établir auprès de ses chefs, qu'il comptait rejoindre, qu'il a été notre prisonnier, et pour qu'on ne le soupçonnât pas de s'être caché au moment du combat.

Il est temps de parler des canonnières, le *Berthe-de-Villers*, le *Moulun*, le *Henri-Rivière*, l'*Éclair* et la

Trombe, dont le rôle a été des plus pénibles et qui ont surmonté des obstacles indescriptibles.

Le 28 février, la flottille était à Phu-Doan ; l'*Éclair*, portant le pavillon du général en chef, ouvrait la marche, les autres la suivaient, et le *Berthe-de-Villers* remorquait en outre un immense chaland, le *Cua-Cam*, qui devait servir, pensait-on, à faire passer l'artillerie.

Bientôt l'*Éclair* toucha ; à partir de ce moment, ce fut une navigation dont on ne peut avoir aucune idée.

Des échouages tous les quarts d'heure, des passes dont la plupart ont juste la largeur des canonnières ; des bancs variables avec tous les dangers que présentent les roches dont la rivière Claire est couverte.

Ah ! la belle voie navigable qu'ont découverte là les premiers explorateurs du Tonkin !

Aussières brisées, nécessité de culer sur les ancres à tout moment ; tout arrive à la fois et les équipages sont sur les dents.

Le *Henri-Rivière* reste échoué 53 heures !

Entre temps on entend la fusillade : officiers et matelots pleurent de rage de ne pouvoir prendre part au combat ; la lutte qu'ils soutiennent est aussi pénible, mais plus ingrate.

Que trois canonnières seulement arrivent en temps opportun devant les positions chinoises ; elles en tourneraient la gauche, et l'action de leur puissante artillerie économiserait le sang français dans une proportion qu'on ne peut supputer sans un serrement de cœur.

Enfin, par des efforts inouïs, surhumains, le *Berthe-de-Villers*, remorquant toujours son fameux chaland, arrive devant Tuyen-Quan, le 4 mars, à 9 heures du matin, à la stupéfaction de tous. Le commandant Plazen a traîné son bateau sur les galets depuis Yuoc.

Le *Moulun* arrive ensuite; puis successivement la *Trombe*, l'*Éclair*, et le *Henri-Rivière*.

Le commandant en chef avait déjà chaudement félicité M. Plazen; il cita toutes les canonnières à l'ordre.

Seul, le *Berthe-de-Villers* rentra le 17 mars à Hanoï, intact et sans autres avaries que des cordages brisés.

Après les combats des 2 et 3 mars, Luh-Vinh-Phuoc rallia son armée à Tuan-Quan, près du premier rapide du fleuve Rouge. Déjà, le 4 mars, le *Francis-Garnier* avait canonné les fuyards vers Già-Du (au-dessus de Hong-Hoa) et leur avait fait subir des pertes sérieuses.

Mais la brigade Giovaninelli ne put poursuivre les Chinois dans cette nouvelle position : nos troupes étaient fatiguées par ces marches héroïques, les bataillons réduits par ces combats meurtriers;

ainsi le bataillon Mahias de l'infanterie de marine, qui avait quitté Hanoï, le 26 décembre, avec 600 hommes et 19 officiers, ne comptait plus que 307 hommes et 6 officiers après les assauts de Ha-Moc.

Clairon de turcos.

TABLE DES MATIÈRES

PARIS, IMP. CHAIX (S.-O.). — 2990-6.

9 782013 031844